MICHEL HOUELLEBECQ

Non réconcilié

Anthologie personnelle 1991-2013

Préface d'Agathe Novak-Lechevalier

GALLIMARD

« LÀ OÙ ÇA COMPTE »

Poète, Michel Houellebecq ? À une époque où chacun se spécialise et où l'on s'ingénie à cataloguer les talents sous une étiquette exclusive, certains semblent presque considérer qu'il est de mauvais ton, pour un romancier internationalement connu et qui a remporté tous les succès, de s'obstiner à se mêler de poésie : il y aurait là un cas de flagrante incompatibilité. La pratique poétique, en somme, serait le violon d'Ingres de Michel Houellebecq, un caprice qu'il faudrait lui passer avec un sourire vaguement attendri, légèrement agacé. Or, prononcer ce jugement hâtif, que la présente édition suffit à rendre définitivement caduc, c'est perdre de vue que Michel Houellebecq est poète avant tout.

C'est en effet par la poésie que tout commence, avec la publication de Quelque chose en moi, *dans la* Nouvelle Revue de Paris, *en 1988. À Michel Bulteau, alors directeur de la revue, et qui joua pour lui ce rôle décisif, Michel Houellebecq dédicacera un poème au titre révélateur, « Nouvelle donne ». Dès lors, en effet, le sort semble jeté : Michel Houellebecq sera poète. Et les choses s'enchaînent assez rapidement : en 1991 paraît un premier recueil,* La Poursuite du bonheur, *qui reçoit le prix Tristan Tzara. Le prix de Flore couronne, en 1996,* Le Sens du combat, *qui dénonce le « caractère inutile du roman » et proclame, en* regard, le « *besoin de métaphores inédites, quelque chose de religieux intégrant l'existence des parkings souterrains* » (« *Les anecdotes* »). *Trois ans plus tard, est publié le recueil* Renaissance. *Au cours de ces années, Houellebecq intervient surtout sur le territoire de la poésie, notamment à la radio, sur* France Culture *où il enregistre ses premières lectures et réalise son premier disque dans le cadre des* Poétiques. *Dès 1999, une anthologie publiée en* Poésie/Gallimard, Orphée Studio, Poésie d'aujourd'hui à voix haute, *le présente en compagnie des poètes contemporains les plus décisifs. En une décennie, cette identité de poète semble donc se fixer. Parallèlement, Houellebecq commence cependant à se faire connaître à la fois comme essayiste et comme romancier : en 1991,* Rester vivant *et* H. P. Lovecraft. Contre le monde, contre la vie *fournissent quelques principes essentiels de l'esthétique de leur auteur ; en 1994, la parution d'*Extension du domaine de la lutte *vaut à Houellebecq un premier succès romanesque ; surtout, en 1998, l'extraordinaire retentissement des* Particules élémentaires *projette l'écrivain dans le maelström médiatique. Avec un effet majeur : pour le public français et étranger, le nom de Michel Houellebecq sera désormais immédiatement associé au genre du roman, et sa production comprise comme celle d'un romancier. Tout se passe alors comme si, qu'il le choisisse ou qu'il le subisse comme une fatalité, l'écrivain se pliait à ce succès et aux attentes qu'immanquablement il suscite : la première décennie du* XXIe *siècle verra paraître quatre romans, mais plus aucun recueil de poésie – et il faudra attendre, en 2013,* Configuration du dernier rivage *pour que l'on se souvienne, avec enthousiasme ou avec dépit, presque toujours avec surprise, que Houellebecq est aussi et d'abord un poète.* Non réconcilié *confirme cette importance accordée à la poésie, en réunissant un choix de 132 poèmes tirés des quatre recueils publiés de 1991 à 2013 : non chronologique, faisant se jouxter des poèmes d'époques très différentes, cette anthologie divisée en cinq parties propose un nouveau parcours de lecture et constitue une œuvre en soi.*

Il suffit de lire ou de relire ses trois premiers recueils pour s'apercevoir que cette primauté de la poésie dans l'œuvre de Michel Houellebecq vaut aussi sur le plan esthétique. On y trouve en effet, déjà, outre les grands leitmotive *thématiques qui structurent l'univers du romancier, certaines des qualités essentielles de son style, et en particulier cet art si caractéristique du montage, de la juxtaposition brutale de l'hétérogène, cette pratique constante du télescopage qui, en mode mineur, met en balance le grave et le léger (« Il faudrait que je meure ou que j'aille à la plage »), et, en mode offensif, fait rimer* pensif *avec* préservatif *; ou bien encore qui fond dans l'ample et majestueuse musique de l'alexandrin la réalité la plus triviale (« Un retraité des postes enfile son cycliste »). Le constat de l'antériorité des poèmes impose ainsi cette évidence : les saccades et les fulgurances, les dynamitages et les effets de chute, cette cadence et cette mécanique du vide si particulières qui caractérisent les romans, c'est au creuset du vers, dans la puissance de concentration qu'exige la poésie, que Michel Houellebecq les a éprouvés.*

D'où la curieuse impression qui guette le lecteur des romans qui découvrirait les poèmes : celle d'une indéniable familiarité, qui va jusqu'à la sensation de voir là se former une sorte de précipité qui rendrait soudain matériellement perceptibles les propriétés de l'écriture houellebecquienne ; mais aussi celle d'une radicale et très déroutante étrangeté. Car, Michel Houellebecq l'a affirmé à maintes reprises, le roman et la poésie sont pour lui deux langages absolument différents, qui traduisent « deux visions du monde, irréductibles » l'une à l'autre (« L'absurdité créatrice », dans Interventions 2*) : alors que le roman appréhende le monde du côté des faits et d'un point de vue rationnel, l'approche poétique serait fondamentalement émotionnelle et empathique. Qui chercherait à retrouver les romans à travers la poésie ferait donc fausse route. Quelques poèmes migrent, certes, d'un pôle à l'autre ; mais « Si calme, dans son coma » ou « Ma vie, ma vie, ma très ancienne », qui s'offraient comme points d'orgue des* Particules élémentaires *et de* La Possibilité d'une île*, sonnent ici très différemment : dégagés de leur gangue narrative, les poèmes s'enrichissent dans le recueil poétique de virtualités nouvelles, et les personnages qu'ils évoquent flottent comme en apesanteur, silhouettes nimbées seulement du souvenir de ce qu'elles ont été. Plus profondément, des romans à la poésie, c'est le contraste du ton et la différence manifeste d'intention qui frappent : le discours poétique, délesté de l'ambition théorique et didactique qui anime les romans, se fait moins péremptoire ; la visée* polémique semble, provisoirement, s'absenter ; le cynisme cède la place à un lyrisme inattendu.

Cette dissonance qui sépare, chez un même auteur, la pratique poétique de l'écriture en prose, Houellebecq la partage avec Remy de Gourmont, à la poésie duquel il a consacré une préface où il a mis, sans aucun doute, beaucoup de lui-même. Gourmont, explique-t-il, essayiste subtil et critique acide, passe, dès qu'il écrit des vers, « de la perversité à l'innocence, de la sophistication à la fraîcheur » : il « renonce », en poésie, « à être ce qu'il est si brillamment par ailleurs : un intellectuel ». Mais cette singulière démission ne doit pas surprendre outre mesure : loin de constituer une anomalie isolée, elle relève d'une fatalité interne, car en vérité, conclut Houellebecq, « il n'y a pas de poète intelligent ». On retrouvera de semblables affirmations dans Non réconcilié : « Tout ce qui n'est pas purement affectif devient insignifiant. Adieux à la raison. Plus de tête. Plus qu'un cœur » (« Loin du bonheur »). L'ironie, par exemple, si caractéristique des romans, se trouve ici comme assourdie. Et l'impact émotif est d'autant plus fort que cette poésie fait le pari d'une écriture désarmée, renouant avec une forme d'innocence et de simplicité.

C'est dire que l'écriture poétique et, plus encore, sa publication constituent pour Michel Houellebecq une pratique à haut risque. C'est dire, aussi, que ses poèmes viennent apporter un démenti cinglant à toutes les théories qui voudraient résumer son œuvre à la patiente et méticuleuse construction d'une posture sans plus de profondeur que celle d'une marque médiatique facilement identifiable et donc immédiatement rentable. La poésie de Michel Houellebecq active, comme toute littérature, certaines scénographies – la pose de l'artiste maudit ne lui est à l'évidence pas étrangère, héritage direct de ses influences majeures, et en particulier de l'inspiration baudelairienne. Mais la disparité est trop flagrante avec l'écriture romanesque pour que l'on puisse réduire l'ensemble à une recette : au contraire, Michel Houellebecq élude le stéréotype, et refuse ostensiblement de se laisser manufacturer.

Déroutants pour ses propres lecteurs, les poèmes de Houellebecq n'en sont pas moins déconcertants pour les amateurs de poésie contemporaine. Car l'œuvre poétique, force est de le constater, ne ressemble à rien de ce qui se pratique actuellement en poésie française. Pour cette raison essentielle : Houellebecq rejette avec force l'idée que la poésie soit avant tout « un travail sur la langue ayant pour objet de produire une écriture » (« Lettre à Lakis Prodiguis », Interventions 2). Pas question, donc, d'enfermer la poésie dans une recherche sérieuse ou ludique sur la matérialité du signifiant. Pas question non plus et surtout, de la restreindre à une quête autoréflexive. À une conception de la littérature qui privilégierait « sa gratuité, son élégance, ses jeux formels ; la production de petits "textes" […] commentables par l'adjonction de préfixes (para, méta, inter) », conception qui, selon lui, menace plus spécifiquement et plus gravement la poésie, Houellebecq oppose avec constance cette citation de Schopenhauer : « *La première – et pratiquement la seule – condition d'un bon style, c'est d'avoir quelque chose à dire.* »

La poésie doit donc, avant tout, « *parler du monde / Simplement, parler du monde* » (« *Nous devons développer une attitude* »), et faire siens tous les aspects du monde contemporain, fussent-ils les plus triviaux : « *la grande distribution et les parcours urbains, / Et l'immobile ennui des séjours de vacances* » (« *Fin de parcours possible* ») font partie de ces territoires ordinaires que les poèmes houellebecquiens entendent explorer et non plus mépriser. Autre exigence : la poésie devra se situer dans une perspective intersubjective, parler aux autres, parler de soi – car, s'interroge le poète, « *que pourrais-je dire qui ne me soit personnel ?* » (« *Absences de durée limitée* »). C'est pourquoi la poésie de Houellebecq est fondamentalement lyrique ; mais, là encore, d'un lyrisme étonnant, parfaitement intempestif, d'autant qu'il ne craint pas de s'inscrire dans le moule décrié et tombé en désuétude du vers syllabique, quitte à en outrepasser insolemment les vieilles lois. Un lyrisme problématique, précaire, fragile, mais fort peu « critique », du moins si l'on entend par là une disposition à faire constamment retour sur soi pour se remettre en question.

Ce lyrisme coule en effet de source, dès lors que l'on reconnaît que Michel Houellebecq, comme il l'a affirmé lui-même dès La Poursuite du bonheur, « *reste un romantique* » (« *Vendredi 11 mars. 18 h 15. Saorge* »). Adjectif périlleux en ces temps où parfois règne un triste et terne « *romantisme de télévision* » (« *Les antennes de télévi-*

sion ») – mais qui fait profondément de Michel Houellebecq un « enfant du siècle », le XIXe, exilé au XXIe siècle.
Aurélien Bellanger a déjà relevé que les racines de ce
romantisme remontaient entre autres à Baudelaire et à
Novalis. Mais de manière plus inattendue, c'est vers l'effu-
sion fastueuse et apparemment surannée du lyrisme
lamartinien qu'il faut aussi se tourner si l'on veut se
donner les moyens de le comprendre. En témoigne l'hommage que Michel Houellebecq rend à Lamartine lorsqu'il
évoque la lecture précoce qu'il a faite de Graziella et du
poème « Le Premier Regret » qui conclut le roman :
« Jamais avant Lamartine et jamais après lui (même chez
Racine, même chez Victor Hugo), on n'avait écrit et on
n'écrira en alexandrins avec ce naturel, cette spontanéité,
cet élan du cœur » (« J'ai lu toute ma vie », Interventions 2). Cet éloge n'est finalement pas aussi surprenant
qu'il pourrait le paraître : les Méditations de Lamartine,
qui ambitionnaient de « fai[re] descendre la poésie du
Parnasse » et de « donn[er] à ce qu'on nommait la Muse,
au lieu d'une lyre à sept cordes de convention, les fibres
mêmes du cœur de l'homme » furent ressenties à leur
parution comme une révolution. Pour la première fois, le
poète ne se posait plus en virtuose de la métrique et de la
rime, mais en homme sensible dont le chant reflétait les
émotions intimes et s'offrait comme une confidence d'âme
à âme ; la poésie n'était plus un art littéraire, habilement
concerté : elle faisait retentir, pour Lamartine, « le déchi-
rement sonore de [s]on cœur » (commentaire des « Pré-
ludes »). Toutes proportions gardées, c'est-à-dire toutes

*évolutions historiques prises en compte, c'est d'une révo-
lution semblable que rêve la poésie de Michel Houellebecq. Refuser de parler « en poète », récuser le métier et la
maîtrise technique, bannir la prétention au savoir, à la
finesse et à la perspicacité pour revenir à l'essentiel : l'élan
du sentiment, le cri de l'âme, l'expression de la souffrance
et du désarroi à l'état brut. Proscrire l'affectation et retrouver
l'affect, substituer à l'ingéniosité une forme d'ingénuité,
fût-elle illusoire, pour restituer à la parole poétique la violence de son jaillissement et l'immédiateté de sa puissance
d'impact. « Frapper là où ça compte » (« Rester vivant »),
c'est-à-dire dans le vif, afin d'instaurer, même de force, un
contact avec le lecteur.*

*Ce projet exclut tout apprêt et explique l'insistance de
Michel Houellebecq sur le fait que ses poèmes soient pro-
duits dans l'instant, sous le coup de l'inspiration, et jamais
retouchés ensuite en profondeur. Aux romans le patient
travail, la construction complexe et savamment réfléchie ;
aux poèmes la grâce de l'improvisation. Rien de naïf ici
non plus : simplement, toute modification ultérieure serait
suspecte de complaisance, voire d'afféterie, car elle équi-
vaudrait à trahir ce qu'exprimait l'impulsion, sincère
parce que spontanée, du premier jet. Cette esthétique de
l'immédiateté frappe d'inanité tous les démêlés sur le
respect des règles de versification : dans sa préface à l'anthologie de Gourmont, déjà, Michel Houellebecq suggère
qu'il lui semble par trop artificiel d'écrire des vers régu-
liers en fonction d'une prononciation qui date du XIVe siècle.
Et s'il s'arroge le droit de compter les syllabes « comme*

on les compte dans la vie de tous les jours », c'est que la pulsation intérieure doit prévaloir sur les prescriptions extérieures, tout simplement parce qu'elle seule peut atteindre le lecteur et fonder la possibilité d'une convergence rythmique.

L'idée d'un jaillissement, d'un paroxysme émotionnel lié à une fondamentale innocence, est le point de jonction imprévu du romantisme avec le rock, autre passion de Michel Houellebecq. Comme Lamartine, Neil Young, par exemple, est « d'une foudroyante sincérité » parce qu'il « exprime simplement, directement, les émotions qui traversent son âme » – et c'est ce qui en fait « un très grand artiste » (« Neil Young », Interventions 2). Cette franchise qui s'expose au risque de la candeur et qui pour cette raison même, bouleverse l'âme qui l'écoute imprègne aussi les poèmes de Michel Houellebecq, par exemple ceux qui évoquent le désespoir amoureux « et [c]es nuits de souffrance qui semblent insurmontables / Où l'on pleure bêtement les deux bras sur la table » (« Derniers temps »). Le romantisme et le rock constituent finalement les deux faces d'un même modèle et d'un même objectif : une fois tombés les masques, une fois accepté le danger d'exhiber un cœur mis à nu, la vérité de l'expérience individuelle touche à l'universel. C'est pourquoi il faudra chercher, sans relâche, à atteindre ce qu'il y a sous la peau, cet « objet limite » qui fascine parce qu'il fixe la frontière sensible entre le monde et l'âme. Il faudra accepter d'érafler l'enveloppe, dépasser la souffrance, et parfois gratter jusqu'au sang pour traquer la palpitation de la vie ; il

faudra même aller plus loin, « trouver un chemin écarter
les poumons pénétrer jusqu'au cœur » et accéder, enfin, à
cet « espace de liberté entre la chair et l'os » (« Nouvelle
donne ») qui révèle l'immatériel au cœur de la matière.
Par vocation plus que par prédisposition, le poète, pour
Michel Houellebecq, est un écorché.

D'où, aussi, l'intérêt constant dont le poète fait preuve
pour la performance, la diction de ses textes, leur mise en
musique, voire leur conversion en chansons : la musicalité
du vers et la vibration de la voix, débordant l'expression,
permettent d'affronter autrement l'informulable. Ce retour
à la source du lyrisme montre, s'il en était besoin, que
pour Houellebecq la poésie n'est pas un genre écrit, mais
oral, qu'elle atteint d'autant mieux son but qu'elle s'in-
carne dans la matérialité tremblée d'un phrasé particulier.
Genre parlé, plus que chanté cependant, car si lyrisme il y
a, il tient davantage des extrêmes que sont le murmure ou
le cri – l'envol mélodieux du chant semble désormais inac-
cessible. Chez Michel Houellebecq, l'émotion naît de ce
que la voix est toujours menacée de rupture. Et cette faille
intrinsèque exclut l'idée même de perfection : remisant au
placard les cantates de Bach, qui souffrent selon lui d'une
« répartition [...] trop parfaite entre le silence et le
bruit », le poète dit avoir « besoin de hurlements, d'un
magma corrosif, d'une atmosphère d'attaque / Qui puisse
écarteler le silence de la nuit » (Le Sens du combat). *Voilà*
qui nous ramène à l'âpreté du rock, mais nous éloigne
indéniablement des Harmonies *lamartiniennes.*

C'est que « ce monde où nous respirons mal », qui

éteint jusqu'au souffle nécessaire au chant, n'inspire plus qu'un immense dégoût et une profonde aversion. La poésie, longtemps, s'est crue vouée à célébrer la beauté du monde ; puis elle a pu chercher les voies d'un compromis. Chez Michel Houellebecq, la rupture est consommée, et elle est sans appel : Non réconcilié, *proclame le titre du recueil, comme on présenterait une carte d'identité. La poésie houellebecquienne ne se donne pas pour mission de rétablir l'accord, au contraire : elle prend acte, sans concession, de la monstruosité du monde. À la fin des années 1990, Houellebecq décrivait ainsi le rôle de sa poésie :*

> Au fond, si j'écris des poèmes, c'est peut-être avant tout pour mettre l'accent sur un manque monstrueux et global [...]. C'est peut-être aussi que la poésie est la seule manière d'exprimer ce manque à l'état pur, à l'état natif ; d'exprimer simultanément chacun de ses aspects complémentaires. C'est peut-être pour laisser le message minimal suivant : « Quelqu'un, au milieu des années 199..., a vivement ressenti l'émergence d'un manque monstrueux et global ; dans l'incapacité de rendre compte clairement du phénomène, il nous a cependant, en témoignage de son incompétence, laissé quelques poèmes ». (« Lettre à Lakis Prodiguis », *Interventions 2*)

Quinze ans plus tard, il persiste et signe – avec cette seule différence que, les années passant, l'hostilité se fait

plus ouverte, la sentence plus définitive. Nul hasard, donc,
si le vide se voit placé au cœur de tant de poèmes comme
une hantise fondamentale. Le poète se trouve face au
monde comme suspendu au-dessus du néant, et ses textes
déclinent le manque sous toutes ses formes : affectif – « Il
n'y a pas d'amour / (Pas vraiment, pas assez) » ; social –
« Nous sommes maintenant dans la vie comme sur des
mesas californiennes, vertigineuses plateformes séparées
par le vide […] (et l'impossibilité d'une réunification se lit
sur tous les visages) » ; religieux – « les cieux sont bleus et
vides » ; métaphysique – « Les multiples sens de la vie /
Qu'on imagine pour se calmer / S'agitent un peu, puis
c'est fini ». Désormais, « Nous habitons l'absence » (« Dis-
parue la croyance »). Constater cette carence, cet état de
manque primordial qui s'inscrit cruellement à même les
chairs « avides », c'est comprendre du même coup pour-
quoi l'humanité apparaît si souvent, dans le recueil, sous
la forme indistincte d'une horde de mendiants : que fai-
sons-nous d'autre, en effet, que désirer et incessamment
réclamer ce qui est nécessaire à notre survie et dont le
monde nous a privés ? Ces mendiants-là sont menaçants
– c'est que le manque rend sauvage.

Et c'est que le monde est proprement invivable. Placer
« Hypermarché – Novembre » à l'ouverture du recueil,
inscrire au titre de la première partie « D'abord j'ai tré-
buché dans un congélateur », s'avère à cet égard très
significatif : le lecteur se trouve, comme le poète, projeté
sans préavis dans la brutalité extrême et ordinaire d'un
monde régi par l'impératif de consommation, structuré

selon l'implacable répartition entre les forts et les faibles.
C'est pourquoi l'acte de naissance du poète coïncide fata-
lement avec sa mort sociale : « exilé sur le sol au milieu des
huées » comme l'albatros baudelairien, il n'a que le temps
de reconnaître sa totale incongruité, et de disparaître.
Mais si, chez Baudelaire, la déroute du « prince des
nuées » pouvait n'apparaître que comme le piteux prélude
à un nouvel et sublime envol, l'effondrement programmé
du poète, dans « Hypermarché – Novembre », ressemble
fort à un crash définitif : nulle mention ici d'une splendeur
passée, nul rêve, nul espoir. Dans ce monde où l'océan
cède la place à l'hypermarché, où l'horizon se confond
avec les rayonnages, les « ailes de géant » ne serviraient à
rien : il n'y a plus d'azur. La disparition même ne peut
plus alors se jouer que sur le mode grotesque : le poète
s'écroule « au rayon des fromages », tandis qu'« une rumeur
de cirque » monte des alentours. Gauche, dissonant, le
poète, affligé de chaussures ridicules, est condamné, après
bien d'autres, à n'être que le clown, la caricature risible et
pitoyable de lui-même. D'où l'intrication très étroite d'une
profonde mélancolie et d'une indéniable puissance comique
dans certains poèmes de Michel Houellebecq : mais il
s'agit là d'un rire grave, désespéré, qui (encore une fois)
comme chez Baudelaire est à la fois « signe d'une grandeur
infinie et d'une misère infinie » (De l'essence du rire).

Cette tension intime paraît inévitable, car, si l'on en croit
Rester vivant, *la poésie est une pratique essentiellement*
contradictoire, et le poète un être oxymorique, broyé entre
des forces opposées et d'une intensité inouïe : « apprendre

à devenir poète », en effet, « c'est désapprendre à vivre » ; mais pour produire une œuvre, il faudra trouver les moyens de se maintenir en vie. Le poète est donc ce « suicidé vivant », écartelé entre des extrêmes dont aucun n'offre de refuge (la vie et la mort, le jour et la nuit, l'empathie et l'indifférence), flottant « Absolument désespéré / Entre le ciel et le carnage, / Entre l'abject et l'éthéré » (« Je flottais au-dessus du fleuve »). Face à un monde qui n'est que « souffrance déployée », face à sa stupéfiante puissance de destruction, le poète devra donc « passer à l'attaque » (Rester vivant), et mettre en œuvre toutes les techniques qu'il jugera appropriées. La poésie est, pour Michel Houellebecq – les titres de ses recueils à eux seuls le suggèrent –, une question de vie et de mort, un exercice de survie, une arme de combat.

Le premier rempart, le premier refuge, c'est la structure : « Si vous ne parvenez pas à articuler votre souffrance dans une structure bien définie, vous êtes foutu. [...] La structure est le seul moyen d'échapper au suicide » (Rester vivant). Structure métrique, structure rimique, structure rythmique : la versification n'est pas un agrément adventice, elle est le principe même de la résistance à un monde déliquescent. Il n'y a rien de pire que l'absence de limite : et de même qu'il faut opposer le roc à « la lente invasion des plantes » (« L'univers a la forme d'un demi-cercle »), face au chaos universel, face à l'inexorable décomposition qu'engendre le passage du temps, il faudra dresser l'intangible configuration du vers ; comme, face à un monde absurde, il faudra s'astreindre à la rime, point de butée qui interrompt le flux de la phrase, qui offre une prise à la mémoire et un appui pour établir un sens. Configurer : tel pourrait être l'un des maîtres mots de la poésie houellebecquienne, qui donne lieu à l'innommable pour mieux lui assigner une forme et qui du même coup, provisoirement, l'y contient. Évidemment, rien n'est simple : car à un sonnet peut succéder un poème en vers libres ou un poème en prose. Michel Houellebecq prévenait d'ailleurs dans Rester vivant : « Au sujet de la forme, n'hésitez jamais à vous contredire. Bifurquez, changez de direction autant de fois que nécessaire » – encore une fois, pourvu qu'on tienne le choc, toutes les tactiques sont bonnes. Reste que dans « les cas difficiles » – ceux qui nécessitent l'existence d'une parole poétique (« Dans l'air limpide ») – la structure demeure l'ultime recours. Par exemple lorsque le découragement s'intensifie au point que le poète envisage de renoncer à l'écriture : dans « J'étais parti en vacances avec mon fils », c'est au moment même où s'exprime le paroxysme du désespoir que les vers soudain se condensent, renouent avec la métrique traditionnelle, et que les rimes réapparaissent. Même constat lorsque la poésie devient l'ultime asile et l'unique salut de ceux qui ont trop et trop discrètement souffert : le poème en vers libres « Elle vivait dans une bonbonnière », qui évoque avec une infinie compassion la solitude d'une femme privée de l'affection dont elle-même est pétrie, tend vers une structure de plus en plus ferme, et offre pour finir, à celle dont il éveille et éternise le souvenir, une moisson de « coquelicots superbes » en même temps que la splendeur de l'alexandrin.

Seconde solution, évidente et fragile, éternelle et pré-caire, l'amour – central dans cette poésie parce qu'il en est le principe. Il fonde la possibilité du lyrisme, dont il est en retour l'exacte expression ; il comble le manque et restaure l'unité qui semblait à jamais perdue. C'est ce que suggère en particulier la magnifique suite mystérieusement inti-tulée « HMT » et placée au cœur du recueil, comme si elle en constituait la clé de voûte. Pour la seule et unique fois, la parole prend son envol, s'accorde la liberté de l'ampleur et l'élan d'une même inspiration. Histoire déchirante d'un amour fervent et déçu, « HMT » en fait une expérience vertigineuse, à la fois sensuelle et métaphysique : offrant une voie d'accès à l'absolu, l'amour, qui est de l'ordre de la foi, devient l'occasion d'une initiation mystique. Même l'intense mélancolie et le « désespoir nu » qui suivent la rupture se verront sublimés : la trace de la révélation résiste, incandescente, offrant la précieuse certitude d'un espace de rédemption – « Il existe, au milieu du temps, / La possibilité d'une île ». L'architecture globale du recueil accentue d'ailleurs ce rôle décisif dévolu à l'amour : chaque section s'achève sur l'évocation d'une relation amoureuse, comme pour mieux rappeler qu'il s'agit là de l'éternel point de fuite vers lequel tend toute vie. Et, au tournant de chaque partie, l'amour est aussi ce qui toujours enclenche un nouveau processus, permet un rebond, suscite une autre manière d'envisager le monde et de se comprendre soi : voilà pourquoi nous attendons toujours l'amour, « l'amour, ou la métamorphose » (« Les insectes courent entre les pierres »).

Voilà pourquoi aussi il paraît crucial de ne pas se satis-faire de faux-semblants – quitte à devoir se résoudre à affirmer que « nulle part l'amour n'existe » (« L'amour, l'amour »). Dans une société de consommation fondée sur la « technologie de l'attirance » (« Dans l'air limpide »), le poète doit s'interdire de participer à la production de l'illusion ; sa tâche, au contraire, est de la dissiper, quand bien même il exposerait ses lecteurs à mourir « Sans illu-sions lyriques » (« L'amour, l'amour »). Paradoxalement, cette abolition est une consolation – car l'illusion, telle que la programme le système, est nocive et douloureuse. Mais au moment même où l'amour se trouve nié parce qu'il ne recouvre que la cruauté d'un rapport de force fondé sur les stratégies de la séduction et du désir, la poésie elle-même devient acte d'amour authentique et expression d'une profonde compassion : « Je m'adresse à tous ceux qu'on n'a jamais aimés / Qui n'ont jamais su plaire » (« L'amour, l'amour »). Par là s'engage la résistance : l'amour ne peut être réduit à ce « jeu cruel » et impi-toyable, il s'offre comme pur don dans un monde qui en exclut l'existence – et où il apparaît comme le seul salut.

Et pourtant ces transports empathiques ne caracté-risent pas toute la poésie houellebecquienne. Dans Non réconcilié*, ils se concentrent dans la première partie ; à l'inverse, « Vivre sans point d'appui, entouré par le vide » annonce que le poète « entre dans la région des grandes solitudes ». Et dès le second poème, en effet, « le contact se coupe » (« La lumière a lui sur les eaux ») : l'autre n'appa-raît plus comme un alter ego potentiel, mais comme un*

« organisme » radicalement étranger – toute communication devient impossible. Dès lors, le poète se trouve seul face au monde. Et cet affrontement vertigineux ne peut logiquement connaître que trois issues : soit la capitulation du poète, vaincu et réduit à l'inertie ; soit la recherche d'un arrangement, d'une trêve temporaire, fût-ce dans la fuite ; soit l'anéantissement du monde. Ainsi sommairement schématisées, ces trois réponses correspondent aux trois parties centrales du recueil. Aucune cependant n'offrira de véritable solution. Le constat d'un déterminisme absolu, le renoncement à la lutte, l'idéal d'ataraxie et d'effacement du moi ne sauront que laisser percer « La saveur rancie de la haine » (« L'exercice de la réflexion ») ; et la connaissance qu'ils visent est rapidement dénoncée dans sa totale vanité. La fuite vers un ailleurs temporel ou géographique – anywhere out of the world –, fuite salutaire à l'époque romantique, ne sera pas plus fructueuse. Le souvenir même de cette « rivière d'innocence » (« Quand il fait froid ») qu'est la première enfance paraît définitivement perdu, et ne fait qu'aviver la douleur présente ; quant à la quête de l'exotisme, à l'orée du XXIe siècle, elle n'offre plus qu'un monde réduit aux dimensions d'une piscine, au bord de laquelle il vaut mieux prudemment se tenir, dès lors que – sans surprise – elle rime avec urine (« Séjour-club 2 »). Ne reste plus alors que la possibilité de l'apocalypse : on y arrive infailliblement dans la quatrième partie (« Je suis dans un tunnel fait de roches compactes ») après qu'a été explorée l'éventualité d'une échappée mystique. Mais les mystérieuses évolutions du ciel étoilé, qui semblaient d'abord promettre une apothéose, préfigurent en fait l'imminence de la catastrophe : le monde humain n'est plus, il a cédé la place au triomphe de « l'informationnel » (« *Avant, mais bien avant, il y a eu des êtres* ») et à la célébration du « mystère productif » (« *Nous roulons protégés dans l'égale lumière* »).

L'imaginaire apocalyptique qui hante les romans est donc déjà présent dans la poésie, et dans chacun des recueils des années 1990 : le cycle que recompose Non réconcilié est à cet égard très cohérent et très significatif – il rappelle que Michel Houellebecq est l'un des rares poètes, voire le seul, à tenter une écriture poétique d'anticipation. Or, la poésie a partie liée avec l'apocalypse : faire apparaître le monde, le faire disparaître, n'est-ce pas là un des pouvoirs qui lui appartiennent en propre ? C'est en tout cas la visée profonde de la poésie houellebecquienne, à laquelle il faut « quelques secondes », et donc quelques vers, pour « effacer un monde » (« *Par la mort du plus pur* »), comme pour le faire advenir, magiquement, « *dans sa présence nue* » (« *Dehors il y a la nuit* »). L'acte d'annulation reste cependant le plus fréquent – car il est aussi, peut-être, le plus opératoire : si le roman sait décrire le monde, la poésie, elle, peut le déconstruire effectivement. Elle est capable d'en gripper les rouages parce qu'elle échappe à leur mécanisme et qu'elle en détraque les principes profonds. « *Dans le train direct pour Dourdan* » met précisément en œuvre ce travail d'abstraction qui, à la direction initiale et à l'« occupation » du temps, substitue un éblouissement et une désintégration : à la fin du poème,

« Il n'y a plus de temps ni de lieu ». Que s'est-il passé ? Le poète a annulé la vectorisation des « mots fléchés » pratiqués par la jeune fille : les mots du poème, eux, libérés de la fixité du sens, sont rendus à la multitude de leurs virtualités. « Donner un sens plus pur aux mots de la tribu », exigeait Mallarmé. Michel Houellebecq, qui cite dans Ennemis publics *cette phrase qu'il juge belle et « très explicite », commente : « "Plus pur" est bien dans les obsessions de Mallarmé, la blancheur, la neige ; je n'aurais sûrement pas écrit cela, moi. » Lui a en effet écrit, quelques lignes auparavant, que les mots dans la poésie retrouvent « leur aura, leur vibration originelle » et, surtout, « semblent entourés d'un halo radioactif ». Il y a bien, intrinsèque à la pratique poétique, comme l'expérience d'une déflagration atomique. Car la poésie n'a que faire des règles qui définissent l'impeccable et effrayant fonctionnement du monde : au contraire, elle en sape en profondeur les fondements logiques.*

Le roman obéit nécessairement à un schéma narratif, à un système des personnages et – quelles qu'en soient les distorsions – à un ordre temporel. Art non narratif, au contraire, reposant, comme la peinture, sur la « juxtaposition » (La Carte et le Territoire), *la poésie, elle, s'avère apte à exprimer l'absurdité du monde, voire à le disloquer et à le réduire au chaos. Profondément indifférente aux caractères individuels, elle s'accommode très bien du désert, qu'elle peut contribuer à faire advenir, et elle pulvérise les rapports personnels : dans* Non réconcilié, *le poète se donne successivement comme* je, tu, il, nous, semble s'inclure parfois dans les « vous » qu'il emploie, tout autant qu'il est partie prenante du « ils » des hommes disparus à qui l'on rend hommage parce qu'ils « savaient écrire des livres » (« Les hommages à l'humanité ») – on le trouve donc partout, et nulle part, puisqu'il parle même après lui. La poésie déjoue encore toute utilisation rationnelle du système des temps : multipliant les télescopages du futur et du passé pour les faire finalement entrer en fusion (l'avenir tendant à retrouver ce qui semblait révolu : « Nous voulons retourner dans l'ancienne demeure »), elle favorise aussi une dilatation à l'extrême du présent, dont souvent on ne sait plus s'il caractérise l'instant fugitif de l'énonciation ou s'il exprime une vérité éternelle. « Le temps, le temps très vieux qui prépare sa vengeance » (« So long ») pourrait donc bien se voir lui aussi pris au piège du complot poétique : sa fin est annoncée. Ce sont enfin jusqu'aux catégories logiques de l'affirmation et de la négation qui se voient réduites à néant. Leur remise en cause constitue l'essence de la poéticité selon Jean Cohen, le seul théoricien vis-à-vis duquel Michel Houellebecq proclame une filiation (et qui donne son nom au surveillant des Particules qui tente de préserver Bruno des tortures des autres élèves – fonction protectrice, toujours, de la poésie) ; Configuration du dernier rivage le revendique aussi : le « maître », dans son « défi fictif », « n'affirme ni ne nie », il « signifie » (« Le maître enamouré en un défi fictif »), et cette signification qui s'instaure miraculeusement abroge toutes les lois ordinaires du monde comme du langage. Bref, la poésie a bien en elle les moyens de détruire fictivement le monde. Mais il s'agit d'une lutte à mort : si l'on cède la place au « dialogue des machines », alors les « derniers mots s'éteignent » (« Avant, mais bien avant, il y a eu des êtres »), et la poésie disparaît.

On pourrait s'en tenir là, à ce monde d'après la catastrophe – c'est ce que font, peu ou prou, la plupart des romans houellebecquiens. Mais pas la poésie. L'évocation de l'apocalypse suscite en effet un nouveau type de lyrisme étrangement hybride, à la fois mystique et révolutionnaire, qui permet de retrouver, oublié, au fond de soi, « le sens du combat » ; et qui promet un « autre monde », un monde où « tout pourra être reconstruit » (« C'est comme une veine qui court sous la peau »). C'est pourquoi Non réconcilié s'ouvre sur une dernière partie, « La grâce immobile », au titre néanmoins étrange et ambigu : l'immobilité dans le recueil recouvre en général de funestes connotations, et nombreux seront en effet les poèmes de cette ultime section à suggérer un possible suicide. Nous sommes pourtant prévenus d'emblée : cette grâce immobile « N'a pas la mort pour corollaire ». Et après l'apocalypse, après la traversée individuelle de la passion, c'est bien une forme de rédemption, tempérant pour la première fois la perspective d'une fin prochaine, qu'envisage le poète. Nous n'entrons pas ici (bien sûr) dans la Jérusalem céleste – au contraire, le monde poursuit son inexorable déclin, le mal reste omniprésent et la mort immédiatement menaçante. Mais si la « présence [...] interstitielle de Dieu / A disparu » (« Les immatériaux »), s'il est difficile d'envisager Jésus autrement qu'imprimé sur un tee-shirt

(« *Mercredi. Mayence – vallée du Rhin – Coblence.* »), *le poète, au terme de son cheminement perpétuel, retrouve progressivement les traces de la « présence divine »* (« *Crépuscule* »). Et c'est bien ce que promettait « *Le sens du combat* » : le « *retour à la maison du Père* », alors que le père biologique a été violemment renié (« *Mon père était un con solitaire et barbare* » – poème dont le titre initial, « *Non réconcilié* », devient celui de l'anthologie), alors que les fils ont fait régulièrement défaut (« *J'aime les hôpitaux, asiles de souffrance* »).

La religion alors renoue avec sa source étymologique : elle rétablit un lien, elle fonde la possibilité d'une communauté – sans doute n'est-ce pas un hasard si le « *nous* » est plus fréquent dans cette dernière section que dans toute autre –, elle restaure l'unité, et sans doute, avec elle, l'hypothèse de l'éternité. Le poète, qui avait consciencieusement « démoli » tout chemin (« *Je n'ai plus d'intérieur* »), fraie ici une voie nouvelle. Et là encore, la structure compte. Le deuxième poème du recueil, « *Après-midi boulevard Pasteur* », s'achevait sur un impératif qui pouvait paraître ironique, « *Chantons l'alléluia pour le retour du roi !* ». L'antépénultième, « *Nous avions pris la voie rapide* », proclame en sa conclusion : « *Elle vient vers nous, l'infinitude ; / Nous serons dieux, nous serons rois.* » L'architecture secrète du livre semble donc réaliser le vœu initial, l'intérioriser, et en désamorcer l'intonation dérisoire : se trouve là, peut-être, subrepticement rétabli, entre le début et la fin, « *l'arc aboli d'un ancien rituel* » (« *Vocation religieuse* ») qui a été évoqué à plusieurs reprises dans le recueil. « *C'est curieux, affirme Michel Houellebecq dans* Ennemis publics, *comme j'ai du mal à renoncer à l'idée qu'il se trouve quelque part une unité, une identité d'ordre supérieur. Comme j'ai du mal, en un mot, à me passer d'une* mystique. » *Cette veine mystique, dans sa poésie, s'exprime par le recours constant à la prière – dimension intime de bien des poèmes, qui change tout acte d'énonciation en une supplique éperdue ; elle s'affirme aussi, avec une force nouvelle depuis le dernier recueil, à travers un certain hermétisme. Certains lecteurs ne s'y sont pas reconnus – et pourtant il ne s'agit en rien d'une trahison de l'idéal de simplicité qui présidait aux premiers poèmes. Au contraire, sans doute : la sincérité passe ici par une autre ascèse, par le fait de laisser libre cours à l'inspiration et à la musicalité des mots, par une manière de s'y abandonner et de leur accorder foi, en somme, en abdiquant toute prétention à l'intelligence pour mieux s'ouvrir à une compréhension supérieure et quasi instinctive. Peut-être fallait-il faire la preuve de cette confiance absolue pour réaliser le miracle d'une* « configuration du dernier rivage ».

Ce trajet de « l'abrutissement » à la « grâce », qui peut emprunter la voie mystique, est aussi et surtout une exigence poétique, dont le dernier poème nous offre quelques clés. C'est une identité complexe qui, enfin, s'y dévoile. Le poète n'est pas un, mais multiple, parce qu'il se définit par sa suprême puissance de compassion, par sa capacité à prendre sur lui, pour lui, toutes les infamies : il s'identifie à la pure douleur, celle du chien, d'autant plus intolérable qu'elle reste inexplicable ; il ne fait qu'un avec la parfaite humiliation, celle du technicien de surface ravalé à sa fonction et oublié sous l'euphémisme ; il se confond avec l'atroce inutilité de la bouée qui, n'offrant plus le salut, ne sert qu'à exhiber le scandale de la mort de l'enfant. Mais cette évocation bouleversante qui, placée au cœur même du poème, en concentre l'intensité musicale, inverse le mouvement. Un éclat de soleil suscite soudain une élévation cosmique : le poète endeuillé devient « l'étoile obscure », puis se dématérialise pour ne plus coïncider qu'avec le temps indéfiniment renouvelé de « l'instant présent » et se fondre, enfin, dans le pur mouvement du vent. L'espoir semble à nouveau permis, dès lors qu'à l'immobilité de la mort succède cette dynamique d'envol et le « moment du réveil ». Le poème aboutit alors à une révélation d'un type inédit : il ne s'agit plus d'accéder à un savoir absolu, mais précisément d'accepter l'impossibilité de celui-ci, de reconnaître, intimement, sa propre incapacité à percer l'opacité du monde. « Aucun événement ne semble justifié », et l'insolente plénitude de l'existence masque mal son essentielle vacuité : mais cela, finalement, importe peu si au-delà de l'absurde se maintient, comme l'évidence d'un cap, une exigence d'ordre poétique et personnel. Si l'on ne peut comprendre le monde, s'il est impossible de se réconcilier avec lui d'une quelconque manière, on peut au moins, peut-être, « parvenir à un cœur clarifié ». « Un cœur » : celui du poète, le nôtre – la visée, ici, est universelle. Cette possibilité sonne comme une consolation qui ne vaut sans doute que parce qu'elle est exprimée sur le mode du souhait, et qu'elle s'avoue hésitante, incomplète, improbable. Elle s'énonce non pas comme une certitude, mais comme une promesse, celle d'une tension et d'un effort constant pour opposer à « la nuit du tombeau » (celle du Nerval d'El Desdichado, autre référence centrale chez Michel Houellebecq) l'intensité lumineuse d'une quête intérieure. Le « rideau blanc » qui, comme la dernière page que l'on tourne, retombe dans son énigmatique et opaque clarté, à l'ultime vers du recueil, suggère que rien, ici, n'aura été complètement élucidé. Le poète nous quitte sur cet éblouissement, mais l'encre noire peut alors s'effacer : elle nous aura fait la grâce d'indiquer le fragile et difficile chemin à suivre pour venir à bout, partiellement, provisoirement, de la noirceur du monde.

Non réconcilié, on l'aura compris, n'est pas le tombeau de recueils défunts. Le geste anthologique, si séduisant soit-il, pouvait avoir quelque chose d'effrayant pour un poète qui ne cesse de défier l'immobilisme. Constituer une anthologie, inscrire en son fronton les dates 1991-2013, c'était considérer qu'un cycle était révolu et désormais immuable, affronter l'idée d'une fin, et encourir le risque de figer ses textes sous un « halo de glace » mortel (« Derniers temps »). De façon très symptomatique, Michel Houellebecq brave cette éventualité en construisant, à partir de poèmes anciens mais en brouillant les repères chronologiques, une œuvre nouvelle, qui pose des questions inédites, qui élabore un nouveau parcours et relance *la réflexion. Il y a pourtant là aussi, pour le poète, une manière de se recueillir, en élaborant sa propre cohérence intérieure et en cheminant vers ce qu'il y a de plus profond en lui – en se révélant à la fois très « vieux et très contemporain » (« Fin de parcours possible »). Assumant cet apparent oxymore, la poésie de Michel Houellebecq affirme sa radicale singularité : une troublante étrangeté assortie d'un enracinement profond dans une époque sondée jusqu'au tuf, c'est-à-dire jusqu'au vide vertigineux qui en est le principe. Mais au-delà du vide, résistant aux ténèbres et à l'abjection du monde, le poète aura sauvegardé, de part et d'autre de la page, la poignante persistance d'une présence humaine.*

AGATHE NOVAK-LECHEVALIER

D'abord j'ai trébuché dans un congélateur

HYPERMARCHÉ – NOVEMBRE

D'abord j'ai trébuché dans un congélateur,
J'me suis mis à pleurer et j'avais un peu peur
Quelqu'un a grommelé que je cassais l'ambiance,
Pour avoir l'air normal j'ai repris mon avance.

Des banlieusards sapés et au regard brutal
Se croisaient lentement près des eaux minérales ;
Une rumeur de cirque et de demi-débauche
Montait des rayonnages. Ma démarche était gauche.

Je me suis écroulé au rayon des fromages ;
Il y avait deux vieilles dames qui portaient des sardines.
La première se retourne et dit à sa voisine :
« C'est bien triste, quand même, un garçon de cet âge. »

Et puis j'ai vu des pieds circonspects et très larges ;
Il y avait un vendeur qui prenait des mesures.
Beaucoup semblaient surpris par mes nouvelles chaussures ;
Pour la dernière fois j'étais un peu en marge.

APRÈS-MIDI BOULEVARD PASTEUR

Je revois les yeux bleus des touristes allemands
Qui parlaient société devant un formidable.
Leurs « Ach so » réfléchis, un peu nerveux pourtant,
Se croisaient dans l'air vif ; ils étaient plusieurs tables.

Sur ma gauche causaient quelques amis chimistes :
Nouvelles perspectives en synthèse organique !
La chimie rend heureux, la poésie rend triste,
Il faudrait arriver à une science unique.

Structure moléculaire, philosophie du moi
Et l'absurde destin des derniers architectes ;
La société pourrit, se décompose en sectes :
Chantons l'alléluia pour le retour du roi !

CHÔMAGE

Je traverse la ville dont je n'attends plus rien
Au milieu d'êtres humains toujours renouvelés
Je le connais par cœur, ce métro aérien ;
Il s'écoule des jours sans que je puisse parler.

Oh ! ces après-midi, revenant du chômage
Repensant au loyer, méditation morose
On a beau ne pas vivre, on prend quand même de l'âge
Et rien ne change à rien, ni l'été, ni les choses.

Au bout de quelques mois on passe en fin de droits
Et l'automne revient, lent comme une gangrène ;
L'argent devient la seule idée, la seule loi,
On est vraiment tout seul. Et on traîne, et on traîne…

Les autres continuent leur danse existentielle,
Vous êtes protégé par un mur transparent,
L'hiver est revenu ; leur vie semble réelle.
Peut-être, quelque part, l'avenir vous attend.

Le jour monte et grandit, retombe sur la ville,
Nous avons traversé la nuit sans délivrance
J'entends les autobus et la rumeur subtile
Des échanges sociaux. J'accède à la présence.

Aujourd'hui aura lieu. La surface invisible
Délimitant dans l'air nos êtres de souffrance
Se forme et se durcit à une vitesse terrible ;
Le corps, le corps pourtant, est une appartenance.

Nous avons traversé fatigues et désirs
Sans retrouver le goût des rêves de l'enfance,
Il n'y a plus grand-chose au fond de nos sourires,
Nous sommes prisonniers de notre transparence.

RÉPARTITION – CONSOMMATION

I.   J'entendais des moignons frotter,
L'amputé du palier traverse
La concierge avait des alliés
Qui nettoyaient après l'averse

Le sang des voisines éventrées,
Il fallait que cela se passe
Discussions sur la vérité,
Mots d'amour qui laissent des traces.

La voisine a quitté l'immeuble,
La cuisinière est arrivée ;
J'aurais dû m'acheter des meubles,
Tout aurait pu être évité.

Puisqu'il fallait que tout arrive
Jean a crevé les yeux du chat
Monades isolées qui dérivent,
Répartitions et entrechats.

II.   Au milieu des fours micro-ondes,
        Le destin des consommateurs
        S'établit à chaque seconde ;
        Il n'y a pas de risque d'erreur.

        Sur mon agenda de demain,
        J'avais inscrit : « Liquide vaisselle » ;
        Je suis pourtant un être humain :
        Promotion sur les sacs-poubelle !

        À tout instant ma vie bascule
        Dans l'hypermarché Continent
        Je m'élance et puis je recule,
        Séduit par les conditionnements.

        Le boucher avait des moustaches
        Et un sourire de carnassier,
        Son visage se couvrait de taches…
        Je me suis jeté à ses pieds !

III.   J'ai croisé un chat de gouttière,
Son regard m'a tétanisé
Le chat gisait dans la poussière,
Des légions d'insectes en sortaient.

Ton genou de jeune otarie
Gainé dans un collant résille
Se pliait sans le moindre bruit ;
Dans la nuit, les absents scintillent.

J'ai croisé un vieux prolétaire
Qui cherchait son fils disparu
Dans la tour GAN, au cimetière
Des révolutionnaires déçus.

Tes yeux glissaient entre les tables
Comme la tourelle d'un char ;
Tu étais peut-être désirable,
Mais j'en avais tout à fait marre.

L'AMOUR, L'AMOUR.

Dans un ciné porno, des retraités poussifs
Contemplaient, sans y croire,
Les ébats mal filmés de deux couples lascifs ;
Il n'y avait pas d'histoire.

Et voilà, me disais-je, le visage de l'amour,
L'authentique visage ;
Certains sont séduisants ; ils séduisent toujours,
Et les autres surnagent.

Il n'y a pas de destin ni de fidélité,
Mais des corps qui s'attirent ;
Sans nul attachement et surtout sans pitié,
On joue et on déchire.

Certains sont séduisants et partant très aimés ;
Ils connaîtront l'orgasme.
Mais tant d'autres sont las et n'ont rien à cacher,
Même plus de fantasmes ;

Juste une solitude aggravée par la joie
Impudique des femmes ;
Juste une certitude : « Cela n'est pas pour moi »,
Un obscur petit drame.

Ils mourront c'est certain un peu désabusés,
Sans illusions lyriques ;
Ils pratiqueront à fond l'art de se mépriser,
Ce sera mécanique.

Je m'adresse à tous ceux qu'on n'a jamais aimés,
Qui n'ont jamais su plaire ;
Je m'adresse aux absents du sexe libéré,
Du plaisir ordinaire.

Ne craignez rien, amis, votre perte est minime :
Nulle part l'amour n'existe ;
C'est juste un jeu cruel dont vous êtes les victimes,
Un jeu de spécialistes.

MIDI

La rue Surcouf s'étend, pluvieuse ;
Au loin, un charcutier-traiteur.
Une Américaine amoureuse
Écrit à l'élu de son cœur.

La vie s'écoule à petits coups ;
Les humains sous leur parapluie
Cherchent une porte de sortie
Entre la panique et l'ennui
(Mégots écrasés dans la boue).

Existence à basse altitude,
Mouvements lents d'un bulldozer ;
J'ai vécu un bref interlude
Dans le café soudain désert.

Comme un week-end en autobus,
Comme un cancer à l'utérus,
La succession des événements
Obéit toujours à un plan.

Toutefois, les serviettes humides,
Le long des piscines insipides
Détruisent la résignation
Le cerveau se met en action

Il envisage les conséquences
De certaines amours de vacances,
Il aimerait se détacher
De la boîte crânienne tachée.

On peut nettoyer sa cuisine,
Dormir à la Mépronizine,
La nuit n'est jamais assez noire
Pour en finir avec l'histoire.

JIM

Tant que tu n'es pas là, je t'attends, je t'espère ;
C'est une traversée blanche et sans oxygène.
Les passants égarés sont bizarrement verts ;
Au fond de l'autobus je sens craquer mes veines.

Un ami de toujours m'indique l'arrêt Ségur.
C'est un très bon garçon, il connaît mes problèmes ;
Je descends je vois Jim, il descend de voiture,
Il porte à son blouson je ne sais quel emblème.

Parfois Jim est méchant, il attend que j'aie mal ;
Je saigne sans effort ; l'autoradio fredonne,
Puis Jim sort ses outils ; il n'y a plus personne,
Le boulevard est désert. Pas besoin d'hôpital.

J'aime les hôpitaux, asiles de souffrance
Où les vieux oubliés se transforment en organes
Sous les regards moqueurs et pleins d'indifférence
Des internes qui se grattent en mangeant des bananes.

Dans leurs chambres hygiéniques et cependant sordides
On distingue très bien le néant qui les guette
Surtout quand le matin ils se dressent, livides,
Et réclament en geignant leur première cigarette.

Les vieux savent pleurer avec un bruit minime,
Ils oublient les pensées et ils oublient les gestes
Ils ne rient plus beaucoup, et tout ce qui leur reste
Au bout de quelques mois, avant la phase ultime,

Ce sont quelques paroles, presque toujours les mêmes :
Merci je n'ai pas faim, mon fils viendra dimanche,
Je sens mes intestins, mon fils viendra quand même.
Et le fils n'est pas là, et leurs mains presque blanches.

Tant de cœurs ont battu, déjà, sur cette terre
Et les petits objets blottis dans leurs armoires
Racontent la sinistre et lamentable histoire
De ceux qui n'ont pas eu d'amour sur cette terre.

La petite vaisselle des vieux célibataires
Les couverts ébréchés de la veuve de guerre
Mon Dieu ! Et les mouchoirs des vieilles demoiselles
L'intérieur des armoires, que la vie est cruelle !

Les objets bien rangés et la vie toute vide
Et les courses du soir, restes d'épicerie,
Télé sans regarder, repas sans appétit

Enfin la maladie, qui rend tout plus sordide,
Et le corps fatigué qui se mêle à la terre,
Le corps jamais aimé qui s'éteint sans mystère.

La mort est difficile pour les vieilles dames trop riches
Entourées de belles-filles qui les appellent « ma biche »,
Pressent un mouchoir de lin sur leurs yeux magnifiques,
Évaluent les tableaux et les meubles antiques.

Je préfère la mort des vieux de HLM
Qui s'imaginent encore jusqu'au bout qu'on les aime,
Attendant la venue du fils hypothétique
Qui paierait le cercueil en sapin authentique.

Les vieilles dames trop riches finissent au cimetière
Entourées de cyprès et d'arbustes en plastique
C'est une promenade pour les sexagénaires,
Les cyprès sentent bon et chassent les moustiques.

Les vieux de HLM finissent au crématoire
Dans un petit casier à l'étiquette blanche.
Le bâtiment est calme : personne, même le dimanche,
Ne dérange le sommeil du très vieux gardien noir.

Mon père était un con solitaire et barbare ;
Ivre de déception, seul devant sa télé,
Il ruminait des plans fragiles et très bizarres,
Sa grande joie étant de les voir capoter.

Il m'a toujours traité comme un rat qu'on pourchasse ;
La simple idée d'un fils, je crois, le révulsait,
Il ne supportait pas qu'un jour je le dépasse
Juste en restant vivant alors qu'il crèverait.

Il mourut en avril, gémissant et perplexe ;
Son regard trahissait une infinie colère ;
Toutes les trois minutes il insultait ma mère,
Critiquait le printemps, ricanait sur le sexe.

À la fin, juste avant l'agonie terminale,
Un bref apaisement parcourut sa poitrine ;
Il sourit en disant : « Je baigne dans mon urine »,
Et puis il s'éteignit avec un léger râle.

FIN DE PARCOURS POSSIBLE

À quoi bon s'agiter ? J'aurai vécu quand même,
Et j'aurai observé les nuages et les gens
J'ai peu participé, j'ai tout connu quand même
Surtout l'après-midi, il y a eu des moments.

La configuration des meubles de jardin
Je l'ai très bien connue, à défaut d'innocence ;
La grande distribution et les parcours urbains,
Et l'immobile ennui des séjours de vacances.

J'aurai vécu ici, en cette fin de siècle,
Et mon parcours n'a pas toujours été pénible
(Le soleil sur la peau et les brûlures de l'être) ;
Je veux me reposer dans les herbes impassibles.

Comme elles je suis vieux et très contemporain,
Le printemps me remplit d'insectes et d'illusions
J'aurai vécu comme elles, torturé et serein,
Les dernières années d'une civilisation.

FIN DE SOIRÉE

En fin de soirée, la montée de l'écœurement est un phénomène inévitable. Il y a une espèce de planning de l'horreur. Enfin, je ne sais pas ; je pense.
L'expansion du vide intérieur. C'est cela. Un décollage de tout événement possible. Comme si vous étiez suspendu dans le vide, à équidistance de toute action réelle, par des forces magnétiques d'une puissance monstrueuse.

Ainsi suspendu, dans l'incapacité de toute prise concrète sur le monde, la nuit pourra vous sembler longue. Elle le sera, en effet.
Ce sera, pourtant, une nuit protégée ; mais vous n'apprécierez pas cette protection. Vous ne l'apprécierez que plus tard, une fois revenu dans la ville, une fois revenu dans le jour, une fois revenu dans le monde.
Vers neuf heures, le monde aura déjà atteint son plein niveau d'activité. Il tournera souplement, avec un ronflement léger. Il vous faudra y prendre part, vous lancer – un peu comme on saute sur le marchepied d'un train qui s'ébranle pour quitter la gare.
Vous n'y parviendrez pas. Une fois de plus, vous attendrez la nuit – qui pourtant, une fois de plus, vous apportera l'épuisement, l'incertitude et l'horreur. Et cela recommencera ainsi, tous les jours, jusqu'à la fin du monde.

Le lobe de mon oreille droite est gonflé de pus et de sang. Assis devant un écureuil de plastique rouge symbolisant l'action humanitaire en faveur des aveugles, je pense au pourrissement prochain de mon corps. Encore une souffrance que je connais mal et qui me reste à découvrir, pratiquement dans son intégralité. Je pense également et symétriquement, quoique de manière plus imprécise, au pourrissement et au déclin de l'Europe.

Attaqué par la maladie, le corps ne croit plus à aucune possibilité d'apaisement. Mains féminines, devenues inutiles. Toujours désirées, cependant.

À l'angle de la FNAC bouillonnait une foule
Très dense et très cruelle,
Un gros chien mastiquait le corps d'un pigeon blanc.
Plus loin, dans la ruelle,
Une vieille clocharde toute ramassée en boule
Recevait sans mot dire le crachat des enfants.

J'étais seul rue de Rennes. Les enseignes électriques
M'orientaient dans des voies vaguement érotiques :
Bonjour c'est Amandine.
Je ne ressentais rien au niveau de la pine.
Quelques loubards glissaient un regard de menace
Sur les nanas friquées et les revues salaces ;
Des cadres consommaient ; c'est leur fonction unique.
Et tu n'étais pas là. Je t'aime, Véronique.

Il faudrait traverser un univers lyrique
Comme on traverse un corps qu'on a beaucoup aimé
Il faudrait réveiller les puissances opprimées
La soif d'éternité, douteuse et pathétique.

Après-midi de fausse joie,
Et les corps qui se désunissent
Tu n'as plus très envie de moi,
Nos regards ne sont plus complices.

Oh ! la séparation, la mort
Dans nos regards entrecroisés
La lente désunion des corps
Ce bel après-midi d'été.

Les petits objets nettoyés
Traduisent un état de non-être.
Dans la cuisine, le cœur broyé,
J'attends que tu veuilles reparaître.

Compagne accroupie dans le lit,
Plus mauvaise part de moi-même,
Nous passons de mauvaises nuits ;
Tu me fais peur. Pourtant, je t'aime.

Un samedi après-midi,
Seul dans le bruit du boulevard.
Je parle seul. Qu'est-ce que je dis ?
La vie est rare, la vie est rare.

Ce soir, en marchant dans Venise,
J'ai repensé à toi, ma Lise ;
J'aurais bien aimé t'épouser
Dans la basilique dorée.

Les gens s'en vont, les gens se quittent
Ils veulent vivre un peu trop vite
Je me sens vieux, mon corps est lourd
Il n'y a rien d'autre que l'amour.

Tres Calle de Sant'Engracia,
Retour dans les parages du vide
Je donnerai mon corps avide
À celle que l'amour gracia.

Au temps des premiers acacias
Un soleil froid, presque livide,
Éclairait faiblement Madrid
Lorsque ma vie se dissocia.

UNE SENSATION DE FROID

Le matin était clair et absolument beau ;
Tu voulais préserver ton indépendance.
Je t'attendais en regardant les oiseaux :
Quoi que je fasse, il y aurait la souffrance.

Pourquoi ne pouvons-nous jamais
Jamais
Être aimés ?

DIFFÉRENCIATION RUE D'AVRON

Les débris de ta vie s'étalent sur la table :
Un paquet de mouchoirs à demi entamé,
Un peu de désespoir et le double des clés ;
Je me souviens que tu étais très désirable.

Le dimanche étendait son voile un peu gluant
Sur les boutiques à frites et les bistrots à nègres ;
Pendant quelques minutes nous marchions, presque allègres,
Et puis nous rentrions pour ne plus voir les gens

Et pour nous regarder pendant des heures entières ;
Tu dénudais ton corps devant le lavabo,
Ton visage se ridait mais ton corps restait beau,
Tu me disais : « Regarde-moi. Je suis entière,

Mes bras sont attachés à mon torse, et la mort
Ne prendra pas mes yeux comme ceux de mon frère,
Tu m'as fait découvrir le sens de la prière,
Regarde-moi. Regarde. Mets tes yeux sur mon corps. »

Vivre sans point d'appui, entouré par le vide

Vivre sans point d'appui, entouré par le vide,
Comme un oiseau de proie sur une mesa blanche ;
Mais l'oiseau a ses ailes, sa proie et sa revanche ;
Je n'ai rien de tout ça. L'horizon reste fluide.

J'ai connu de ces nuits qui me rendaient au monde,
Où je me réveillais plein d'une vie nouvelle ;
Mes artères battaient, je sentais les secondes
S'égrener puissamment, si douces et si réelles ;

C'est fini. Maintenant, je préfère le soir,
Je sens chaque matin monter la lassitude,
J'entre dans la région des grandes solitudes,
Je ne désire plus qu'une paix sans victoire.

Vivre sans point d'appui, entouré par le vide,
La nuit descend sur moi comme une couverture
Mon désir se dissout dans ce contact obscur ;
Je traverse la nuit, attentif et lucide.

La lumière a lui sur les eaux
Comme aux tout premiers jours du monde,
Notre existence est un fardeau :
Quand je pense que la Terre est ronde !

Sur la plage il y avait une famille entière,
Autour d'un barbecue ils parlaient de leur viande,
Riaient modérément et ouvraient quelques bières ;
Pour atteindre la plage, j'avais longé la lande.

Le soir descend sur les varechs,
La mer bruit comme un animal ;
Notre cœur est beaucoup trop sec,
Nous n'avons plus de goût au mal.

J'ai vraiment l'impression que ces gens se connaissent,
Car des sons modulés s'échappent de leur groupe.
J'aimerais me sentir membre de leur espèce ;
Brouillage accentué, puis le contact se coupe.

Chevauchement mou des collines ;
Au loin, le ronron d'un tracteur.
On a fait du feu dans les ruines ;
La vie est peut-être une erreur.

Je survis de plus en plus mal
Au milieu de ces organismes
Qui rient et portent des sandales,
Ce sont de petits mécanismes.

Que la vie est organisée
Dans ces familles de province !
Une existence amenuisée,
Des joies racornies et très minces,

Une cuisine bien lavée ;
Ah ! Cette obsession des cuisines !
Un discours creux et laminé ;
Les opinions de la voisine.

Dans le train direct pour Dourdan
Une jeune fille fait des mots fléchés
Je ne peux pas l'en empêcher,
C'est une occupation du temps.

Comme des blocs en plein espace
Les salariés bougent rapidement
Comme des blocs indépendants,
Ils trouent l'air sans laisser de trace

Puis le train glisse entre les rails,
Dépassant les premières banlieues
Il n'y a plus de temps ni de lieu ;
Les salariés quittent leur travail.

Dans le métro à peu près vide
Rempli de gens semi-gazeux
Je m'amuse à des jeux stupides,
Mais potentiellement dangereux.

Frappé par l'intuition soudaine
D'une liberté sans conséquence
Je traverse les stations sereines
Sans songer aux correspondances.

Je me réveille à Montparnasse
Tout près d'un sauna naturiste,
Le monde entier reprend sa place ;
Je me sens bizarrement triste.

La respiration des rondelles
Et les papillons carnassiers
Dans la nuit un léger bruit d'ailes,
La pièce est couverte d'acier.

Je n'oublie pas les gestes secs
De ce double mou et furtif
Qui glissait d'échec en échec
En dépliant son corps craintif.

La respiration des termites
S'accomplit sans aucun effort
Une tension vient de la bite,
S'affaiblit en gagnant le corps.

Quand la présence digestive
Emplit le champ de la conscience
S'installe une autre vie, passive,
Dans la douceur et la décence.

L'appartenance de mon corps
À un matelas de deux mètres
Et je ris de plus en plus fort ;
Il y a différents paramètres.

La joie, un moment, a eu lieu,
Il y a eu un moment de trêve
Où j'étais dans le corps de Dieu ;
Mais, depuis, les années sont brèves.

La lampe explose au ralenti
Dans le crépuscule des corps,
Je vois son filament noirci :
Où est la vie ? Où est la mort ?

Les antennes de télévision
Comme des insectes réceptifs
S'accrochent à la peau des captifs ;
Les captifs rentrent à la maison.

Si j'avais envie d'être heureux
J'apprendrais les danses de salon
Ou j'achèterais un ballon,
Comme ces autistes merveilleux

Qui survivent jusqu'à soixante ans
Entourés de jouets en plastique
Ils éprouvent des joies authentiques,
Ils ne sentent plus passer le temps.

Romantisme de télévision,
Sexe charité et vie sociale
Effet de réel intégral
Et triomphe de la confusion.

L'exercice de la réflexion,
L'habitude de la compassion
La saveur rancie de la haine
Et les infusions de verveine.

Dans la résidence Arcadie,
Les chaises inutiles et la vie
Qui se brise entre les piliers
Comme une rivière à noyés.

La chair des morts est tuméfiée,
Livide sous le ciel vitrifié
La rivière traverse la ville
Regards éteints, regards hostiles.

La brume entourait la montagne
Et j'étais près du radiateur,
La pluie tombait dans la douceur
(Je sens que la nausée me gagne).

L'orage éclairait, invisible,
Un décor de monde extérieur
Où régnaient la faim et la peur,
J'aurais aimé être impassible.

Des mendiants glissaient sur la route
Comme des insectes affamés
Aux mandibules mal refermées,
Des mendiants recouvraient la route.

Le jour lentement décroissait
Dans un gris bleu de mauvais rêve ;
Il n'y aurait plus jamais de trêve ;
Lentement, le jour s'en allait.

Je flottais au-dessus du fleuve
Près des carnivores italiens
Dans le matin l'herbe était neuve,
Je me dirigeais vers le bien.

Le sang des petits mammifères
Est nécessaire à l'équilibre,
Leurs ossements et leurs viscères
Sont la condition d'une vie libre.

On les retrouve sous les herbes,
Il suffit de gratter la peau
La végétation est superbe,
Elle a la puissance du tombeau.

Je flottais parmi les nuages,
Absolument désespéré
Entre le ciel et le carnage,
Entre l'abject et l'éthéré.

Un moment de pure innocence,
L'absurdité des kangourous
Ce soir je n'ai pas eu de chance,
Je suis cerné par les gourous.

Ils voudraient me vendre leur mort
Comme un sédatif dépassé
Ils ont une vision du corps,
Leur corps est souvent ramassé.

Le végétal est déprimant
À proliférer sans arrêt
Dans la prairie, le ver luisant
Brille une nuit, puis disparaît.

Les multiples sens de la vie
Qu'on imagine pour se calmer
S'agitent un peu, puis c'est fini ;
Le canard a des pieds palmés.

Les corps empilés sur le sable,
Sous la lumière inexorable,
Peu à peu se changent en matière ;
Le soleil fissure les pierres.

Les vagues lentement palpitent
Sous le soleil inévitable
Et quelques cormorans habitent
Le ciel de leur cri lamentable.

Les jours de la vie sont pareils
À des limonades éventées
Jours de la vie sous le soleil,
Jours de la vie en plein été.

La peau est un objet limite,
Ce n'est presque pas un objet
Dans la nuit les cadavres habitent,
Dans le corps habite un regret.

Le cœur diffuse un battement
Jusqu'à l'intérieur du visage
Sous nos ongles il y a du sang,
Dans nos corps un mouvement s'engage ;

Le sang surchargé de toxines
Circule dans les capillaires
Il transporte la substance divine,
Le sang s'arrête et tout s'éclaire.

Un moment d'absolue conscience
Traverse le corps douloureux.
Moment de joie, de pure présence :
Le monde apparaît à nos yeux.

Il est temps de faire une pause
Avant de recouvrir la lampe.
Dans le jardin, l'agonie rampe ;
La mort est bleue dans la nuit rose.

Le programme était défini
Pour les trois semaines à venir ;
D'abord mon corps devait pourrir,
Puis s'écraser sur l'infini.

L'infini est à l'intérieur,
J'imagine les molécules
Et leurs mouvements ridicules
Dans le cadavre appréciateur.

LISEZ LA PRESSE BELGE !

Les morts sont habillés en bleu
Et les Bleus habillés en morts
Toujours un endroit où il pleut,
Pas de vie au-delà des corps.

Tuer des êtres humains par jeu ?
Retrouver le sens du remords ?
Aucune raison d'être heureux,
La répartition des efforts

Sous le sol livide et nerveux,
La présence indexée des morts
Les chairs oppressées, le vent vieux,
La nuit qui n'aura pas d'aurore.

ATTEINDRE LA CREUSE

Un best-of d'arbres remarquables
Et les couples en fin de soirée
(En fin de vie, peut-on le dire ?)

Au loin, la magnificence des tilleuls
Dans le soir de juin
Et l'étrange ambiance sexuelle
Entretenue par les serveuses du château Cazine
(*Il faut en finir avec les écureuils !*)

Un couple a disparu,
« Ils sont probablement morts entre le fromage et le dessert. »

LES NUAGES, LA NUIT

Venues du fond de mon œil moite
Les images glissaient sans cesse
Et l'ouverture était étroite,
La couverture était épaisse.

Il aurait fallu que je voie
Mon avenir différemment,
Cela fait deux ans que je bois
Et je suis un bien piètre amant.

Ainsi, il faut passer la nuit
En attendant que la mort lente
Qui avance seule et sans bruit
Retrouve nos yeux et les sente ;

Quand la mort appuie sur vos yeux
Comme un cadavre sur la planche,
Il est temps de chercher les dieux
Disséminés ; le corps s'épanche.

Les fantômes avaient lieu de leurs mains délétères
Recouvrant peu à peu la surface de la Terre
Les souvenirs glissaient dans les yeux mal crevés
Qui traversaient la nuit, fantassins énervés.

Un végétal d'abolition
Rampait lourdement sur la pierre
(Unanimement, la prière
Résumait les dérélictions.)

Avril était, pari tenu,
Comme un orgasme apprivoisé
Un parcours en pays boisé
Dont nul n'est jamais revenu.

J'étais parti en vacances avec mon fils
Dans une auberge de jeunesse extrêmement triste
C'était quelque part dans les Alpes,
Mon fils avait dix ans

Et la pluie gouttait doucement le long des murs ;
En bas, les jeunes essayaient de nouer des relations
amoureuses
Et j'avais envie de cesser de vivre,
De m'arrêter sur le bord du chemin
De ne même plus écrire de livres
De m'arrêter, enfin.

La pluie tombe de plus en plus, en longs rideaux,
Ce pays est humide et sombre ;
La lutte s'y apaise, on a l'impression d'entrer au tombeau ;
Ce pays est funèbre, il n'est même pas beau.

Bientôt mes dents vont tomber aussi,
Le pire est encore à venir ;
Je marche vers la glace, lentement je m'essuie ;
Je vois le soir tomber et le monde mourir.

Nous devons développer une attitude de non-résistance au monde ;
Le négatif est négatif,
Le positif est positif,
Les choses sont.
Elles apparaissent, elles se transforment,
Et puis elles cessent simplement d'exister ;
Le monde extérieur, en quelque sorte, est donné.

L'être de perception est semblable à une algue,
Une chose répugnante et très molle
Foncièrement féminine
Et c'est cela que nous devons atteindre
Si nous voulons parler du monde
Simplement, parler du monde.

Nous ne devons pas ressembler à celui qui essaie de plier le monde à ses désirs,
À ses croyances
Il nous est cependant permis d'avoir des désirs
Et même des croyances
En quantité limitée.

Après tout, nous faisons partie du phénomène,
Et, à ce titre, éminemment respectables,
Comme des lézards.

Comme des lézards, nous nous chauffons au soleil du
phénomène
En attendant la nuit
Mais nous ne nous battrons pas,
Nous ne devons pas nous battre,
Nous sommes dans la position éternelle du vaincu.

Les insectes courent entre les pierres,
Prisonniers de leurs métamorphoses
Nous sommes prisonniers aussi
Et certains soirs la vie
Se réduit à un défilé de choses
Dont la présence entière
Définit le cadre de nos déchéances
Leur fixe une limite, un déroulement et un sens

Comme ce lave-vaisselle qui a connu ton premier mariage
Et ta séparation,
Comme cet ours en peluche qui a connu tes crises de rage
Et tes abdications.

Les animaux socialisés se définissent par un certain nombre
de rapports
Entre lesquels leurs désirs naissent, se développent,
deviennent parfois très forts
Et meurent.

Ils meurent parfois d'un seul coup,
Certains soirs
Il y avait certaines habitudes qui constituaient la vie et voilà
qu'il n'y a plus rien du tout
Le ciel qui paraissait supportable devient d'un seul coup
extrêmement noir
La douleur qui paraissait acceptable devient d'un seul coup
lancinante,
Il n'y a plus que des objets, des objets au milieu desquels on
est soi-même immobilisé dans l'attente

Chose entre les choses,
Chose plus fragile que les choses
Très pauvre chose
Qui attend toujours l'amour
L'amour, ou la métamorphose.

Avant, il y a eu l'amour, ou sa possibilité ;
Il y a eu des anecdotes, des bifurcations et des silences
Il y a eu ton premier séjour
Dans une institution sereine
Où l'on repeint les jours
D'un blanc légèrement crème.

Il y a eu l'oubli, le presque oubli, il y a eu un départ
Une possibilité de départ
Tu t'es couché de plus en plus tard
Et sans dormir
Dans la nuit
Tu as commencé à sentir tes dents frotter
Dans le silence.

Puis tu as songé à prendre des cours de danse
Pour plus tard,
Pour une autre vie
Que tu vivrais la nuit,
Surtout la nuit,
Et pas seul.

Mais c'est fini,
Tu es mort
Maintenant, tu es mort
Et tu es vraiment dans la nuit
Car tes yeux sont rongés,
Et tu es vraiment dans le silence
Car tu n'as plus d'oreilles,
Et tu es vraiment seul
Tu n'as jamais été aussi seul
Tu es couché, tu as froid et tu te demandes
Écoutant le corps, en pleine conscience, tu te demandes
Ce qui va venir
Juste après.

DANS L'AIR LIMPIDE

Certains disent : regardez ce qui se passe en coulisse. Comme c'est beau, toute cette machinerie qui fonctionne ! Toutes ces inhibitions, ces fantasmes, ces désirs réfléchis sur leur propre histoire ; toute cette technologie de l'attirance. Comme c'est beau !

Hélas, j'aime passionnément, et depuis toujours, ces moments où plus rien ne fonctionne. Ces états de désarticulation du système global, qui laissent présager un destin plutôt qu'un instant, qui laissent entrevoir une éternité par ailleurs niée. Il passe, le génie de l'espèce.

Il est difficile de fonder une éthique de vie sur des présupposés aussi exceptionnels, je le sais bien. Mais nous sommes là, justement, pour les cas difficiles. Nous sommes maintenant dans la vie comme sur des mesas californiennes, vertigineuses plateformes séparées par le vide ; le plus proche voisin est à quelques centaines de mètres mais reste encore visible, dans l'air limpide (et l'impossibilité d'une réunification se lit sur tous les visages). Nous sommes maintenant dans la vie comme des singes à l'opéra, qui grognent et s'agitent en cadence ; tout en haut, une mélodie passe.

Les hirondelles s'envolent, rasent lentement les flots, et montent en spirale dans la tiédeur de l'atmosphère ; elles ne parlent pas aux humains, car les humains restent accrochés à la Terre.

Les hirondelles ne sont pas libres. Elles sont conditionnées par la répétition de leurs orbes géométriques. Elles modifient légèrement l'angle d'attaque de leurs ailes pour décrire des spirales de plus en plus écartées par rapport au plan de la surface du globe. En résumé, il n'y a aucun enseignement à tirer des hirondelles.

Parfois, nous revenions ensemble en voiture. Sur la plaine immense, le soleil couchant était énorme et rouge. Soudain, un rapide vol d'hirondelles venait zébrer sa surface. Tu frissonnais, alors. Tes mains se crispaient sur le volant gainé de peau. Tant de choses pouvaient, à l'époque, nous séparer.

ABSENCES DE DURÉE LIMITÉE

I.   Dresser un bilan de la journée d'hier me demande
       un réel courage, tant j'ai peur en écrivant de mettre
       au jour des choses peut-être terribles qui feraient
       mieux de rester au vague dans mon cerveau.

       J'ai envie de faire n'importe quoi pour me sortir ne
       serait-ce que quelques heures de ce trou où j'étouffe.

       Mon cerveau est entièrement imprégné de ses
       vapeurs cruelles, fer de lampe et basses besognes
       sous le clignotement incertain d'un signal d'alarme.
       Tout le reste est bien fade comparé à ce jeu de mort.

       Devant le paysage blanc je me sens abstrait, fils
       vidés de la tête, yeux mous et clignotants comme
       des phares de sirène.

       Le 18 : j'ai franchi un nouveau palier de l'horreur.
       Je n'ai qu'une hâte, c'est de quitter tous ces gens.
       Vivre autant que possible en dehors des autres.

II.   Maintenant je souffre toute la journée, doucement, légèrement, mais avec quelques horribles pointes qui s'enfoncent dans le cœur, imprévisibles et inévitables, un instant je me tords de souffrance, et puis je reviens en claquant des dents à la douleur normale.

La sensation d'un arrachement d'organe si j'arrête d'écrire. Je mériterais l'abattoir.

Victoire ! Je pleure comme un petit enfant ! Les larmes coulent ! Elles coulent !…

J'ai connu vers onze heures quelques minutes de bonne entente avec la nature.

Des lunettes noires dans un bouquet d'herbe.

Emmailloté de bandes, devant un yaourt, dans une centrale sidérurgique.

J'attends que la douleur passe en tamponnant à la Betadine Scrub.

On jette un dé, milord Snake, il suffit de jeter un dé.

III.   Et la suite. Rien de très intéressant. Que pourrais-je dire qui ne me soit personnel ?

Comme sur le clavier de mon intelligence les équations de Maxwell reviennent en variations inutiles, je décide de rallumer une cigarette.

Ce soir, j'ai décidé de passer à trois comprimés d'Halcion. L'évolution est sans doute inéluctable. Dans un sens, il est plutôt agaçant de constater que je conserve la faculté d'espérer.

Exister, percevoir.

Exister, percevoir,
Être une sorte de résidu perceptif (si l'on peut dire)
Dans la salle d'embarquement du terminal Roissy 2D,
Attendant le vol à destination d'Alicante
Où ma vie se poursuivra
Pendant quelques années encore
En compagnie de mon petit chien
Et des joies (de plus en plus brèves)
Et de l'augmentation régulière des souffrances
En ces années qui précèdent immédiatement la mort.

LOIN DU BONHEUR

Loin du bonheur.

Être dans un état qui s'apparente au désespoir, sans pouvoir cependant y accéder.

Une vie à la fois compliquée et sans intérêt.

Non relié au monde.

Paysages inutiles du silence.

Un amour. Un seul. Violent et définitif. Brisé.

Le monde est désenchanté.

Tout ce qui a la nature de l'apparition, cela a la nature de la cessation. Oui. Et alors ? Je l'ai aimée. Je l'aime. Dès la première seconde cet amour était parfait, complet. On ne peut pas vraiment dire que l'amour apparaisse ; plutôt, il se manifeste. Si l'on croit à la réincarnation, le phénomène devient explicable. Joie de retrouver quelqu'un qu'on a déjà rencontré, qu'on a toujours rencontré, à jamais, dans une infinité d'incarnations antérieures.

Si l'on n'y croit pas, c'est un mystère.

Je ne crois pas à la réincarnation. Ou, plutôt, je ne veux pas le savoir.

Perdre l'amour, c'est aussi se perdre soi-même. La personnalité s'efface. On n'a même plus envie, on n'envisage même plus d'avoir une personnalité. On n'est plus, au sens strict, qu'une souffrance.

C'est également, selon des modalités différentes, perdre le monde. Le lien se casse tout de suite, dès les premières secondes. L'univers est d'abord étranger. Puis, peu à peu, il devient hostile. Lui aussi est souffrance. Il n'y a plus que souffrance.

Et on espère toujours.

La connaissance n'apporte pas la souffrance. Elle en serait bien incapable. Elle est, exactement, insignifiante.
Pour les mêmes raisons, elle ne peut apporter le bonheur. Tout ce qu'elle peut apporter, c'est un certain soulagement. Et ce soulagement, d'abord très faible, devient peu à peu nul. En conclusion, je n'ai pu découvrir aucune raison de rechercher la connaissance.

Impossibilité soudaine – et apparemment définitive – de s'intéresser à une quelconque question politique.

Tout ce qui n'est pas purement affectif devient insignifiant. Adieux à la raison. Plus de tête. Plus qu'un cœur.

L'amour, les autres.

La sentimentalité améliore l'homme, même quand elle est malheureuse. Mais, dans ce dernier cas, elle l'améliore en le tuant.

Il existe des amours parfaits, accomplis, réciproques et durables. Durables dans leur réciprocité. C'est là un état suprêmement enviable, chacun le sent ; pourtant, paradoxalement, ils ne suscitent aucune jalousie. Ils ne provoquent aucun sentiment d'exclusion, non plus. Simplement, ils sont. Et, du même coup, tout le reste peut être.

Depuis sa disparition, je ne peux plus supporter que les autres se séparent ; je ne peux même plus supporter l'idée de la séparation.

Ils me regardent comme si j'étais en train d'accomplir des actes riches en enseignements. Tel n'est pas le cas. Je suis en train de crever, c'est tout.

Ceux qui ont peur de mourir ont également peur de vivre.

J'ai peur des autres. Je ne suis pas aimé.

La mort, si malléable.

L'univers a la forme d'un demi-cercle
Qui se déplace régulièrement
En direction du vide.

(Les rochers n'y sont plus insultés
Par la lente invasion des plantes.)

Sous le ciel de valeur « uniforme »,
À équidistance parfaite de la nuit,
Tout s'immobilise.

Par la mort du plus pur
Toute joie est invalidée
La poitrine est comme évidée,
Et l'œil en tout connaît l'obscur.

Il faut quelques secondes
Pour effacer un monde.

Disparue la croyance
Qui permet d'édifier
D'être et de sanctifier,
Nous habitons l'absence.

Puis la vue disparaît
Des êtres les plus proches.

Je n'ai plus d'intérieur,
De passion, de chaleur ;
Bientôt je me résume
À mon propre volume.

Vient toujours un moment où l'on rationalise,
Vient toujours un matin au futur aboli
Le chemin se résume à une étendue grise
Sans saveur et sans joie, calmement démolie.

SO LONG

Il y a toujours une ville, des traces de poètes
Qui ont croisé leur destinée entre ses murs
L'eau coule un peu partout, ma mémoire murmure
Des noms de villes, des noms de gens, trous dans la tête

Et c'est toujours la même histoire qui recommence,
Horizons effondrés et salons de massage
Solitude assumée, respect du voisinage,
Il y a pourtant des gens qui existent et qui dansent.

Ce sont des gens d'une autre espèce, d'une autre race,
Nous dansons tout vivants une danse cruelle
Nous avons peu d'amis mais nous avons le ciel,
Et l'infinie sollicitude des espaces ;

Le temps, le temps très vieux qui prépare sa vengeance,
L'incertain bruissement de la vie qui s'écoule
Les sifflements du vent, les gouttes d'eau qui roulent
Et la chambre jaunie où notre mort s'avance.

DERNIERS TEMPS

Il y aura des journées et des temps difficiles
Et des nuits de souffrance qui semblent insurmontables
Où l'on pleure bêtement les deux bras sur la table
Où la vie suspendue ne tient plus qu'à un fil ;
Mon amour je te sens qui marche dans la ville.

Il y aura des lettres écrites et déchirées
Des occasions perdues des amis fatigués
Des voyages inutiles des déplacements vides
Des heures sans bouger sous un soleil torride,
Il y aura la peur qui me suit sans parler

Qui s'approche de moi, qui me regarde en face
Et son sourire est beau, son pas lent et tenace
Elle a le souvenir dans ses yeux de cristal
Elle a mon avenir dans ses mains de métal
Elle descend sur le monde comme un halo de glace.

Il y aura la mort tu le sais mon amour
Il y aura le malheur et les tout derniers jours
On n'oublie jamais rien, les mots et les visages
Flottent joyeusement jusqu'au dernier rivage
Il y aura le regret, puis un sommeil très lourd.

Un triangle d'acier sectionne le paysage

VARIATION 49 : LE DERNIER VOYAGE

Un triangle d'acier sectionne le paysage ;
L'avion s'immobilise au-dessus des nuages.
Altitude 8000. Les voyageurs descendent :
Ils dominent du regard la Cordillère des Andes

Et dans l'air raréfié l'ombilic d'un orage
Se développe et se tord ;
Il monte des vallées comme un obscur présage,
Comme un souffle de mort.

Nos regards s'entrecroisent, interrogeant en vain
L'épaisseur de l'espace
Dont la blancheur fatale enveloppe nos mains
Comme un halo de glace.

Santiago du Chili, le 11 décembre.

La première fois que j'ai fait l'amour c'était sur une plage,
Quelque part en Grèce
La nuit était tombée
Cela paraît romantique
Un peu exagéré
Mais cependant c'est vrai.

Et il y avait les vagues,
Toujours les vagues
Leur bruit était très doux
Mon destin était flou.

La veille au matin j'avais nagé vers une île
Qui me paraissait proche
Je n'ai pas atteint l'île
Il y avait un courant
Quelque chose de ce genre
Je ne pouvais pas revenir
Et j'ai bien cru mourir,
Je me sentais très triste
À l'idée de me noyer
La vie me semblait longue

Et très ensoleillée
Je n'avais que dix-sept ans,
Mourir sans faire l'amour
Me paraissait bien triste.

Faut-il toucher la mort
Pour atteindre la vie ?
Nous avons tous des corps
Fragiles, inassouvis.

Cette manière qu'avait Patrick Hallali de persuader les filles
De venir dans notre compartiment
On avait dix-sept dix-huit ans
Quand je repense à elles, je vois leurs yeux qui brillent ;

Et maintenant pour adresser la parole à une autre personne, à
une autre personne humaine
C'est tout un travail, une gêne
(Au sens le plus fort de ces mots, au sens qu'ils ont dans les
lettres anciennes).

Solitude de la lumière
Au creux de la montagne,
Alors que le froid gagne
Et ferme les paupières.

Jusqu'au jour de notre mort,
En sera-t-il ainsi ?
Le corps vieilli n'en désire pas moins fort
Au milieu de la nuit

Corps tout seul dans la nuit,
Affamé de tendresse,
Le corps presque écrasé sent que renaît en lui une déchirante
jeunesse.

Malgré les fatigues physiques,
Malgré la marche d'hier
Malgré le repas « gastronomique »,
Malgré les litres de bière

Le corps tendu, affamé de caresses et de sourires
Continue de vibrer dans la lumière du matin
Dans l'éternelle, la miraculeuse lumière du matin
Sur les montagnes.

L'air un peu vif, l'odeur de thym :
Ces montagnes incitent au bonheur
Le regard se pose, va plus loin,
Je m'efforce de chasser la peur.

Je sais que tout mal vient du moi,
Mais le moi vient de l'intérieur
Sous l'air limpide il y a la joie,
Mais sous la peau il y a la peur.

Au milieu de ce paysage
De montagnes moyennes-élevées
Je reprends peu à peu courage,
J'accède à l'ouverture du cœur
Mes mains ne sont plus entravées,
Je me sens prêt pour le bonheur.

Mon ancienne obsession et ma ferveur nouvelle,
Vous frémissez en moi pour un nouveau désir
Paradoxal, léger comme un lointain sourire
Et cependant profond comme l'ombre essentielle.

(L'espace entre les peaux
Quand il peut se réduire
Ouvre un monde aussi beau
Qu'un grand éclat de rire.)

Dans le matin, chaste et tranquille,
L'espoir suspendu sur la ville
Hésite à rejoindre les hommes.

(Une certaine qualité de joie,
Au milieu de la nuit,
Est précieuse.)

DJERBA « LA DOUCE »

Un vieillard s'entraînait sur le mini-golf
Et des oiseaux chantaient sans aucune raison :
Était-ce le bonheur d'être au camping du Golfe ?
Était-ce la chaleur ? Était-ce la saison ?

Le soleil projetait ma silhouette noire
Sur une terre grise, remuée récemment ;
Il faut interpréter les signes de l'histoire
Et le dessin des fleurs, si semblable au serpent.

Un deuxième vieillard près de son congénère
Observait sans un mot les vagues à l'horizon
Comme un arbre abattu observe sans colère
Le mouvement musclé des bras du bûcheron.

Vers mon ombre avançaient de vives fourmis rousses,
Elles entraient dans la peau sans causer de souffrance ;
J'eus soudain le désir d'une vie calme et douce
Où l'on traverserait mon intacte présence.

SÉJOUR-CLUB

Le poète est celui qui se recouvre d'huile
Avant d'avoir usé les masques de survie ;
Hier après-midi le monde était docile,
Une brise soufflait sur les palmiers ravis

Et j'étais à la fois ailleurs et dans l'espace,
Je connaissais le Sud et les trois directions
Dans le ciel appauvri se dessinaient des traces,
J'imaginais les cadres assis dans leurs avions

Et les poils de leurs jambes, très similaires aux miens,
Et leurs valeurs morales, et leurs maîtresses hindoues ;
Le poète est celui, presque semblable à nous,
Qui frétille de la queue en compagnie des chiens.

J'aurai passé trois ans au bord de la piscine
Sans vraiment distinguer le corps des estivants ;
La surface des peaux traverse ma rétine
Sans éveiller en moi aucun désir vivant.

SÉJOUR-CLUB 2

Le soleil tournait sur les eaux
Entre les bords de la piscine ;
Lundi matin, désirs nouveaux,
Dans l'air flotte une odeur d'urine.

Tout à côté du club enfants,
Une peluche décapitée
Un vieux Tunisien dépité
Qui blasphème en montrant les dents.

J'étais inscrit pour deux semaines
Dans un parcours relationnel,
Les nuits étaient un long tunnel
Dont je sortais couvert de haine.

Lundi matin, la vie s'installe ;
Les cendriers indifférents
Délimitent mes déplacements
Au milieu des zones conviviales.

VACANCES

Un temps mort. Un trou blanc dans la vie qui s'installe.
Des rayons de soleil pivotent sur les dalles,
Le soleil dort ; l'après-midi est invariable.
Des reflets métalliques se croisent sur le sable.

Dans un bouillonnement d'air moite et peu mobile,
On entend se croiser les femelles d'insectes ;
J'ai envie de me tuer, de rentrer dans une secte ;
J'ai envie de bouger, mais ce serait inutile.

Dans cinq heures au plus tard le ciel sera tout noir ;
J'attendrai le matin en écrasant des mouches.
Les ténèbres palpitent comme de petites bouches ;
Puis le matin revient, sec et blanc, sans espoir.

La lumière évolue à peu près dans les formes ;
Je suis toujours couché au niveau du dallage.
Il faudrait que je meure ou que j'aille à la plage ;
Il est déjà sept heures. Probablement, ils dorment.

Je sais qu'ils seront là si je sors de l'hôtel,
Je sais qu'ils me verront et qu'ils auront des shorts,
J'ai un schéma du cœur ; près de l'artère aorte,
Le sang fait demi-tour. La journée sera belle.

Tout près des parasols, différents mammifères
Dont certains sont en laisse et font bouger leur queue ;
Sur la photo j'ai l'air d'être un enfant heureux ;
Je voudrais me coucher dans les ombellifères.

Nulle ombre ne répond ; les cieux sont bleus et vides
Et cette mongolienne en tee-shirt « Predator »
Aligne en vain les mots en gargouillis morbides
Pendant que ses parents soutiennent ses efforts.

Un retraité des postes enfile son cycliste
Avant de s'évertuer en mouvements gymnastiques
À contenir son ventre. Une jeune fille très triste
Suit la ligne des eaux ; elle tient un as de pique.

Nul bruit à l'horizon, nul cri dans les nuages ;
La journée s'organise en groupes d'habitudes
Et certains retraités ramassent des coquillages ;
Tout respire le plat, le blanc, la finitude.

Un Algérien balaie le plancher du « Dallas »,
Ouvre les baies vitrées ; son regard est pensif.
Sur la plage on retrouve quelques préservatifs ;
Une nouvelle journée monte sur Palavas.

Cette envie de ne plus rien faire et surtout ne plus rien éprouver,
Ce besoin subit de se taire et de se détacher
Au jardin du Luxembourg, si calme
Être un vieux sénateur vieillissant sous ses palmes

Et plus rien du tout, ni les enfants, ni leurs bateaux, ni surtout la musique
Ne viendrait troubler cette méditation désenchantée et presque ataraxique ;
Ni l'amour surtout, ni la crainte.
Ah ! n'avoir aucun souvenir des étreintes.

Un matin de soleil rapide,
Et je veux réussir ma mort.
Je lis dans leurs yeux un effort :
Mon Dieu, que l'homme est insipide !

On n'est jamais assez serein
Pour supporter les jours d'automne,
Dieu que la vie est monotone,
Que les horizons sont lointains !

Un matin d'hiver, doucement,
Loin des habitations des hommes ;
Désir d'un rêve, absolument,
D'un souvenir que rien ne gomme.

L'arc aboli de tristesse élancée
Dans une lutte imperceptible, ultime
Se raffermit conjointement, minime ;
Les dés sont à demi lancés.

L'épuisement central d'une nuit sans étoiles
Adornée de néant
(L'oubli compatissant a déposé son voile
Sur les choses et les gens).

L'élément bizarre
Dispersé dans l'eau
Réveille la mémoire,
Remonte au cerveau
Comme un vin bulgare.

LA MÉMOIRE DE LA MER

Une lumière bleue s'établit sur la ville ;
Il est temps de faire vos jeux.
La circulation tombe. Tout s'arrête. La ville est si tranquille.
Dans un brouillard de plomb, la peur au fond des yeux,
Nous marchons vers la ville,
Nous traversons la ville.

Près des voitures blindées, la troupe des mendiants,
Comme une flaque d'ombre,
Glisse en se tortillant au milieu des décombres ;
Ton frère fait partie des mendiants
Il fait partie des errants
Je n'oublie pas ton frère,
Je n'oublie pas le jeu.

On achète du riz dans des passages couverts,
Encerclés par la haine
La nuit est incertaine
La nuit est presque rouge
Traversant les années, au fond de moi, elle bouge,
La mémoire de la mer.

Elle vivait dans une bonbonnière
Avec du fil et des poupées
Le soleil et la pluie passaient sans s'arrêter sur sa petite
maison
Il ne se passait rien que le bruit des pendules
Et les petits objets brodés
S'accumulaient pour ses neveux et ses nièces

Car elle avait trois sœurs
Qui avaient des enfants,
Depuis sa peine de cœur
Elle n'avait plus d'amant
Et dans sa bonbonnière
Elle cousait en rêvant.

Autour de sa maison il y avait des champs
Et de grands talus d'herbe,
Des coquelicots superbes
Où elle aimait parfois à marcher très longtemps.

Si calme, dans son coma
Elle avait accepté une certaine prise de risque
(Comme on soutient parfois le soleil, et son disque,
Avant que la douleur devienne trop cruelle),
Supposant que chacun était semblable à elle,
Mais naturellement ce n'était pas le cas.

Elle aurait pu mener une vie douce et pleine
Parmi les animaux et les petits enfants
Mais elle avait choisi la société humaine,
Et elle était si belle à l'âge de dix-neuf ans.

Ses cheveux blonds sur l'oreiller
Formaient une auréole étrange,
Comme un intermédiaire de l'ange
Et du noyé.

Si calme, définitivement belle,
Elle soulevait à peine les draps
En respirant ; mais rêvait-elle ?
Elle semblait heureuse, en tout cas.

HMT

I.

Au fond j'ai toujours su
Que j'atteindrais l'amour
Et que cela serait
Un peu avant ma mort.

J'ai toujours eu confiance,
Je n'ai pas renoncé
Bien avant ta présence,
Tu m'étais annoncée.

Voilà, ce sera toi
Ma présence effective
Je serai dans la joie
De ta peau non fictive

Si douce à la caresse,
Si légère et si fine
Entité non divine,
Animal de tendresse.

II.

Pour moi qui fus roi de Bohême
Qui fus animal innocent
Désir de vie, rêve insistant,
Démonstration de théorème

Il n'est pas d'énigme essentielle
Je connais le lieu et l'instant
Le point central, absolument,
De la révélation partielle.

Dans la nuit qui dort sans étoiles,
Aux limites de la matière,
S'installe un état de prière :
Le second secret s'y dévoile.

III.   Lorsqu'il faudra quitter ce monde
Fais que ce soit en ta présence
Fais qu'en mes ultimes secondes
Je te regarde avec confiance

Tendre animal aux seins troublants
Que je tiens au creux de mes paumes ;
Je ferme les yeux : ton corps blanc
Est la limite du royaume.

IV.   Un matin de grand clair beau temps,
           Tout rempli de pensées charnelles
           Et puis le grand reflux du sang,
           La condamnation essentielle ;

           La vie qui s'en va en riant
           Remplir des entités nouvelles
           La vie n'a pas duré longtemps,
           La fin de journée est si belle.

V.   Un téléphone portable
Oublié sur la plage,
La fin inéluctable
D'un amour de passage

Et la mort qui avance
À petits cris plaintifs,
Dansant sa drôle de danse
Sur mon centre émotif

Qui grimpe dans le lit,
Soulève les couvertures ;
Mon amour aboli,
Pourquoi tout est si dur ?

VI.

Au bout de quelques mois
(Ou de quelques semaines)
Tu t'es lassée de moi,
Toi que j'avais fait reine.

Je connaissais le risque,
En mortel éprouvé ;
Le soleil, comme un disque,
Luit sur ma vie crevée.

VII.   Il n'y a pas d'amour
       (Pas vraiment, pas assez)
       Nous vivons sans secours,
       Nous mourons délaissés.

       L'appel à la pitié
       Résonne dans le vide
       Nos corps sont estropiés,
       Mais nos chairs sont avides.

       Disparues les promesses
       D'un corps adolescent,
       Nous entrons en vieillesse
       Où rien ne nous attend

       Que la mémoire vaine
       De nos jours disparus,
       Un soubresaut de haine
       Et le désespoir nu.

VIII.   Ma vie, ma vie, ma très ancienne
          Mon premier vœu mal refermé
          Mon premier amour infirmé
          Il a fallu que tu reviennes

          Il a fallu que je connaisse
          Ce que la vie a de meilleur,
          Quand deux corps jouent de leur bonheur
          Et sans fin s'unissent et renaissent.

          Entré en dépendance entière
          Je sais le tremblement de l'être
          L'hésitation à disparaître
          Le soleil qui frappe en lisière

          Et l'amour, où tout est facile,
          Où tout est donné dans l'instant
          Il existe, au milieu du temps,
          La possibilité d'une île.

Je suis dans un tunnel fait de roches compactes

VOCATION RELIGIEUSE

Je suis dans un tunnel fait de roches compactes ;
Sur ma gauche à deux pas un homme sans paupières
M'enveloppe des yeux ; il se dit libre et fier.
Très loin, plus loin que tout, gronde une cataracte.

C'est le déclin des monts et la dernière halte ;
L'autre homme a disparu. Je continuerai seul ;
Les parois du tunnel me semblent de basalte,
Il fait froid. Je repense au pays des glaïeuls.

Le lendemain matin l'air avait goût de sel ;
Alors je ressentis une double présence.
Sur le sol gris serpente un trait profond et dense,
Comme l'arc aboli d'un ancien rituel.

J'ai toujours eu l'impression que nous étions proches, comme deux fruits issus de la même branche. Le jour se lève au moment où je t'écris, le tonnerre gronde doucement ; la journée sera pluvieuse. Je t'imagine te redressant dans ton lit. Cette angoisse que tu ressens, je la ressens également.

La nuit nous abandonne,
La lumière délimite
À nouveau les personnes,
Les personnes toutes petites.

Couché sur la moquette, j'observe avec résignation la montée de la lumière. Je vois des cheveux sur la moquette ; ces cheveux ne sont pas les tiens. Un insecte solitaire escalade les tiges de laine. Ma tête s'abat, se relève ; j'ai envie de fermer vraiment les yeux. Je n'ai pas dormi depuis trois jours ; je n'ai pas travaillé depuis trois mois. Je pense à toi.

NOUVELLE DONNE

à Michel Bulteau

Nous étions arrivés à un moment de notre vie où se faisait
sentir l'impérieuse nécessité de négocier une nouvelle donne,
Ou simplement de crever.
Quand nous étions face à face avec nous-mêmes sur la
banquette arrière dans le fond du garage il n'y avait plus
personne,
On aimait se chercher.

Le sol légèrement huileux où nous glissions une bouteille de
bière à la main
Et ta robe de satin,
Mon ange
Nous avons traversé des moments bien étranges

Où les amis disparaissaient un par un et où les plus gentils
devenaient les plus durs,
S'installaient dans une espèce de fissure
Entre les longs murs blancs de la dépendance
pharmaceutique
Ils devenaient des pantins ironiques,
Pathétiques.

Le lyrisme et la passion nous les avons connus mieux que personne,
Beaucoup mieux que personne
Car nous avons creusé jusqu'au fond de nos organes pour essayer de les transformer de l'intérieur
Pour trouver un chemin écarter les poumons pénétrer jusqu'au cœur
Et nous avons perdu,
Nos corps étaient si nus.

Répétition des morts et des abandons et les plus purs montaient vers leur calvaire,
Je me souviens de ton cousin le matin où il s'était teint les cheveux en vert
Avant de sauter dans le fleuve,
Sa vie était si neuve.

Nous n'aimons plus beaucoup maintenant les gens qui viennent critiquer nos rêves,
Nous nous laissons lentement investir par une ambiance de trêve,
Nous ne croyons plus beaucoup maintenant aux plaisanteries sur le sens du cosmos
Nous savons qu'il existe un espace de liberté entre la chair et l'os

Où les répétitions les plaintes
Parviennent atténuées
Un espace d'étreintes,
Un corps transfiguré.

Quand il fait froid,
Ou plutôt quand on a froid
Quand un centre de froid s'installe avec un mouvement mou
Au fond de la poitrine
Et saute lourdement entre les poumons
Comme un gros animal stupide ;

Quand les membres battent faiblement
De plus en plus faiblement
Avant de s'immobiliser sur le canapé
De manière apparemment définitive ;

Quand les années tournent en clignotant
Dans une atmosphère enfumée
On ne se souvient plus de la rivière parfumée,
La rivière de la première enfance
Je l'appelle, conformément à une ancienne tradition : la
rivière d'innocence.

Maintenant que nous vivons dans la lumière,
Maintenant que nous vivons à proximité immédiate de la
lumière,
Dans des après-midi inépuisables
Maintenant que la lumière autour de nos corps est devenue
palpable

Nous pouvons dire que nous sommes parvenus à destination
Les étoiles se réunissent chaque nuit pour célébrer nos
souffrances et leur transfiguration
En des figures indéfiniment mystérieuses
Et cette nuit de notre arrivée ici, entre toutes les nuits, nous
demeure infiniment précieuse.

Traces de la nuit.
Une étoile brille, seule,
Préparée pour de lointaines eucharisties.

Des destins se rassemblent, perplexes,
Immobiles.

Nous marchons je le sais vers des matins étranges.

Comme un plant de maïs déplanté de sa terre
Une vieille coquille oubliée par la mer
À côté de la vie

Je me tourne vers toi qui as osé m'aimer ;
Viens avec moi, partons, je voudrais retrouver
Les traces de la nuit.

Je suis comme un enfant qui n'a plus droit aux larmes,
Conduis-moi au pays où vivent les braves gens
Conduis-moi dans la nuit, entoure-moi d'un charme,
Je voudrais rencontrer des êtres différents.

Je porte au fond de moi une ancienne espérance
Comme ces vieillards noirs, princes dans leur pays,
Qui balaient le métro avec indifférence ;
Comme moi ils sont seuls, comme moi ils sourient.

Dehors il y a la nuit
La violence, le carnage
Viens près de moi, sans bruit,
Je distingue une image
Mouvante

Et les contours se brouillent,
La lumière est tremblante
Mon regard se dépouille
Je suis là, dans l'attente,
Sereine.

Nous avons traversé
Des époques de haine,
Des temps controversés
Sans dimension humaine

Et le monde a pris forme,
Le monde est apparu
Dans sa présence nue,
Le monde.

Doucement, nous glissions vers un palais fictif
Environné de larmes.
L'azur se soulevait comme un ballon captif ;
Les hommes étaient en armes.

La texture fine et délicate des nuages
Disparaît derrière les arbres
Et soudain c'est le flou qui précède un orage :
Le ciel est beau, hermétique comme un marbre.

Les informations se mélangent comme des aiguilles
Versées dans ma cervelle
Par la main aveugle du commentateur ;
J'ai peur.
Depuis huit heures, les déclarations cruelles
Se succèdent dans mon récepteur ;
Très haut, le soleil brille.

Le ciel est légèrement vert,
Comme un éclairage de piscine ;
Le café est amer,
Partout on assassine ;
Le ciel n'éclaire plus que des ruines.

Je tournais en rond dans ma chambre,
Des cadavres se battaient dans ma mémoire ;
Il n'y avait plus vraiment d'espoir.
En bas, quelques femmes s'insultaient
Tout près du Monoprix fermé depuis décembre.

Ce jour-là il faisait grand calme,
Les bandes s'étaient repliées dans les faubourgs ;
J'ai senti l'odeur du napalm,
Le monde est devenu très lourd.
Les informations se sont arrêtées vers six heures,
J'ai senti s'accélérer les mouvements de mon cœur ;
Le monde est devenu solide,
Silencieux, les rues étaient vides
Et j'ai senti venir la mort.

Ce jour-là, il a plu très fort.

Une gare dans les Yvelines
Que n'avait pas atteint la guerre
Au bout du quai, un chien urine
Le chef de train est en prières.

Les tôles d'un wagon-couchettes
Rouillaient parmi les herbes maigres
Un aveugle vendait des chaussettes,
Il appartenait à la pègre.

L'espoir a déserté la ville
Le lendemain de l'explosion,
Nous avons été trop subtils
(Une question de génération).

Le soleil se noie, flaque verte
Sur l'horizon couperosé
Je ne crois plus aux cotes d'alerte,
L'avenir s'est ankylosé.

Quand disparaît le sens des choses
Au milieu de l'après-midi,
Dans la douceur d'un samedi,
Quand on est cloué par l'arthrose.

La disparition des traverses
Au milieu de la voie ferrée
Se produit juste avant l'averse,
Les souvenirs sont déterrés.

Je pense à mon signal d'appel
Oublié au bord de l'étang
Je me souviens du monde réel
Où j'ai vécu, il y a longtemps.

Avant, mais bien avant, il y a eu des êtres
Qui se mettaient en rond pour échapper aux loups
Et sentir leur chaleur ; ils devaient disparaître,
Ils ressemblaient à nous.

Nous sommes réunis, nos derniers mots s'éteignent,
La mer a disparu
Une dernière fois quelques amants s'étreignent,
Le paysage est nu.

Au-dessus de nos corps glissent les ondes hertziennes,
Elles font le tour du monde
Nos corps sont presque froids, il faut que la mort vienne,
La mort douce et profonde ;
Bientôt les êtres humains s'enfuiront hors du monde.

Alors s'établira le dialogue des machines
Et l'informationnel remplira, triomphant,
Le cadavre vidé de la structure divine ;
Puis il fonctionnera jusqu'à la fin des temps.

Les hommages à l'humanité
Se multiplient sur la pelouse
Ils étaient au nombre de douze,
Leur vie était très limitée.

Ils fabriquaient des vêtements
Des objets, des petites choses,
Leur vie était plutôt morose,
Ils fabriquaient des revêtements

Des abris pour leur descendance,
Ils n'avaient que cent ans à vivre
Mais ils savaient écrire des livres
Et ils nourrissaient des croyances.

Ils alimentaient la douleur
Et ils modifiaient la nature
Leur univers était si dur ;
Ils avaient eu si faim, si peur.

LA DISPARITION

Nous marchons dans la ville, nous croisons des regards
Et ceci définit notre présence humaine ;
Dans le calme absolu de la fin de semaine,
Nous marchons lentement aux abords de la gare.

Nos vêtements trop larges abritent des chairs grises
À peu près immobiles dans la fin de journée
Notre âme minuscule, à demi condamnée,
S'agite entre les plis, et puis s'immobilise.

Nous avons existé, telle est notre légende
Certains de nos désirs ont construit cette ville
Nous avons combattu des puissances hostiles,
Puis nos bras amaigris ont lâché les commandes

Et nous avons flotté loin de tous les possibles ;
La vie s'est refroidie, la vie nous a laissés,
Nous contemplons nos corps à demi effacés,
Dans le silence émergent quelques *data* sensibles.

Nous roulons protégés dans l'égale lumière
Au milieu de collines remodelées par l'homme
Et le train vient d'atteindre sa vitesse de croisière
Nous roulons dans le calme, dans un wagon Alsthom,

Dans la géométrie des parcelles de la Terre
Nous roulons protégés par les cristaux liquides
Par les cloisons parfaites, par le métal, le verre,
Nous roulons lentement et nous rêvons du vide.

À chacun ses ennuis, à chacun ses affaires ;
Une respiration dense et demi-sociale
Traverse le wagon ; certains voisins se flairent,
Ils semblent écartelés par leur part animale.

Nous roulons lentement au milieu de la Terre
Et nos corps se resserrent dans les coquilles du vide
Au milieu du voyage nos corps sont solidaires,
Je veux me rapprocher de ta partie humide.

Des immeubles et des gens, un camion solitaire :
Nous entrons dans la ville et l'air devient plus vif ;
Nous rejoignons enfin le mystère productif,
Dans le calme apaisant d'usines célibataires.

C'est comme une veine qui court sous la peau, et que
l'aiguille cherche à atteindre,
C'est comme un incendie si beau qu'on n'a pas envie de
l'éteindre,
La peau est endurcie, par endroits presque bleue, et pourtant
c'est un bain de fraîcheur au moment où pénètre l'aiguille,
Nous marchons dans la nuit et nos mains tremblent un peu,
pourtant nos doigts se cherchent et pourtant nos yeux brillent.

C'est le matin dans la cuisine et les choses sont à leur place
habituelle,
Par la fenêtre on voit les ruines et dans l'évier traîne une
vague vaisselle,
Cependant tout est différent, la nouveauté de la situation est
proprement incommensurable,
Hier en milieu de soirée tu le sais nous avons basculé dans le
domaine de l'inéluctable.

Au moment où tes doigts tendres petites bêtes ont accroché
les miens et ont commencé à les presser doucement
J'ai su qu'il importait très peu que je sois à tel moment ou à
tel autre ton amant

J'ai vu quelque chose se former, qui ne pouvait être compris
dans les catégories ordinaires,
Après certaines révolutions biologiques il y a vraiment de
nouveaux cieux, il y a vraiment une nouvelle Terre.

Il ne s'est à peu près rien passé et pourtant il nous est
impossible de nous délivrer du vertige
Quelque chose s'est mis en mouvement, des puissances avec
lesquelles il n'est pas question qu'on transige,
Comme celles de l'opium ou du Christ, les victimes de
l'amour sont d'abord des victimes bienheureuses
Et la vie qui circule en nous ce matin vient d'être augmentée
dans des proportions prodigieuses.

C'est pourtant la même lumière, dans le matin, qui s'installe
et qui augmente
Mais le monde perçu à deux a une signification entièrement
différente ;
Je ne sais plus vraiment si nous sommes dans l'amour ou dans
l'action révolutionnaire,
Après que nous en avons parlé tous les deux, tu as acheté une
biographie de Maximilien Robespierre.

Je sais que la résignation vient de partir avec la facilité d'une
peau morte,
Je sais que son départ me remplit d'une joie incroyablement
forte

Je sais que vient de s'ouvrir un pan d'histoire absolument inédit
Aujourd'hui et pour un temps indéterminé nous pénétrons dans un autre monde, et je sais que, dans cet autre monde, tout pourra être reconstruit.

Il est vrai que ce monde où nous respirons mal
N'inspire plus en nous qu'un dégoût manifeste,
Une envie de s'enfuir sans demander son reste,
Et nous ne lisons plus les titres du journal.

Nous voulons retourner dans l'ancienne demeure
Où nos pères ont vécu sous l'aile d'un archange,
Nous voulons retrouver cette morale étrange
Qui sanctifiait la vie jusqu'à la dernière heure.

Nous voulons quelque chose comme une fidélité,
Comme un enlacement de douces dépendances,
Quelque chose qui dépasse et contienne l'existence ;
Nous ne pouvons plus vivre loin de l'éternité.

LE SENS DU COMBAT

Il y a eu des nuits où nous avions perdu jusqu'au sens du
combat ;
Nous frissonnions de peur, seuls dans la plaine immense,
Nous avions mal aux bras ;
Il y a eu des nuits incertaines et très denses.

Comme un oiseau blessé tournoie dans l'atmosphère
Avant de s'écraser sur le sol du chemin
Tu titubais, disant des mots élémentaires,
Avant de t'effondrer sur le sol de poussière ;
Je te prenais la main.

Nous devions décider d'un autre angle d'attaque,
Décrocher vers le Bien ;
Je me souviens de nos pistolets tchécoslovaques,
Achetés pour presque rien.

Libres, et conditionnés par nos douleurs anciennes
Nous traversions la plaine
Et les mottes gercées résonnaient sous nos pieds ;
Avant la guerre, ami, il y poussait du blé.

Comme une croix plantée dans un sol desséché
J'ai tenu bon, mon frère ;
Comme une croix de fer aux deux bras écartés.
Aujourd'hui, je reviens dans la maison du Père.

La grâce immobile

La grâce immobile
Sensiblement écrasante
Qui découle du passage des civilisations
N'a pas la mort pour corollaire.

Le bloc énuméré
De l'œil qui se referme
Dans l'espace écrasé
Contient le dernier terme.

LES IMMATÉRIAUX

La présence subtile, interstitielle de Dieu
A disparu
Nous flottons maintenant dans un espace désert
Et nos corps sont à nu.

Flottant, dans la froideur d'un parking de banlieue
En face du centre commercial
Nous orientons nos torses par des mouvements souples
Vers les couples du samedi matin
Chargés d'enfants, chargés d'efforts,
Et leurs enfants se disputent en hurlant des images de
Goldorak.

LE NOYAU DU MAL D'ÊTRE

Une pièce blanche, trop chauffée, avec de nombreux radiateurs (un peu : salle de cours dans un lycée technique).

La baie vitrée donne sur les banlieues modernes, préfabriquées, d'une zone semi-résidentielle.

Elles ne donnent pas envie de sortir, mais rester dans la pièce est un tel désastre d'ennui
(*Tout est déjà joué depuis longtemps, on ne continue la partie que par habitude*).

Sublime abstraction du paysage.

COURTENAY – AUXERRE NORD.

Nous approchons des contreforts du Morvan. L'immobilité, à l'intérieur de l'habitacle, est totale. Béatrice est à mes côtés. « C'est une bonne voiture », me dit-elle.

Les réverbères sont penchés dans une attitude étrange ; on dirait qu'ils prient. Quoi qu'il en soit, ils commencent à émettre une faible lumière jaune orangé. La « raie jaune du sodium », prétend Béatrice.

Déjà, nous sommes en vue d'Avallon.

Le TGV Atlantique glissait dans la nuit avec une efficacité terrifiante ; l'éclairage était discret. Sous les parois de plastique d'un gris moyen, des êtres humains gisaient dans leurs sièges ergonomiques. Leurs visages ne laissaient transparaître aucune émotion. Se tourner vers la fenêtre n'aurait servi à rien : l'opacité des ténèbres était absolue. Certains rideaux, d'ailleurs, étaient tirés ; leur vert acide composait une harmonie un peu triste avec le gris sombre de la moquette. Le silence, presque absolu, n'était troublé que par le nasillement léger des walkmans. Mon voisin immédiat, les yeux clos, se retirait dans une absence concentrée. Seul le jeu lumineux des pictogrammes indiquant les toilettes, la cabine téléphonique et le bar Cerbère trahissait une présence vivante dans la voiture ; soixante êtres humains y étaient rassemblés.

Long et fuselé, d'un gris acier relevé de discrètes bandes colorées, le TGV Atlantique n° 6557 comportait vingt-trois voitures. Entre mille cinq cents et deux mille êtres humains y avaient pris place. Nous filions à 300 km/h vers l'extrémité du monde occidental. Et j'eus soudain la sensation (nous traversions la nuit dans un silence feutré, rien ne laissait deviner notre prodigieuse vitesse ; les néons dispensaient un éclairage modéré, pâle et funéraire), j'eus soudain la sensation que ce long vaisseau d'acier nous emportait (avec discrétion, avec efficacité, avec douceur) vers le Royaume des Ténèbres, vers la Vallée de l'Ombre de la Mort.

Dix minutes plus tard, nous arrivions à Auray.

Il faisait beau ; et je marchais le long d'un coteau sec et jaune.

La respiration sèche et irrégulière des plantes, en été… qui semblent prêtes à mourir. Les insectes grésillent, perçant la voûte menaçante et fixe du ciel blanc.

Au bout d'un certain temps, quand on marche sous le soleil, en été, la sensation d'absurdité grandit, s'impose et envahit l'espace, on la retrouve partout. Si même au départ vous aviez une direction (ce qui est hélas fort rare… la plupart du temps, on a affaire à une « simple promenade »), cette image de but s'évanouit, elle semble s'évaporer dans l'air surchauffé qui vous brûle par petites vagues courtes à mesure que vous avancez sous le soleil implacable et fixe, dans la complicité sournoise des herbes sèches, promptes à brûler.

Au moment où une chaleur poisseuse commence à engluer vos neurones, il est trop tard. Il n'est plus temps de secouer d'une crinière impatiente les errements aveugles d'un esprit capturé, et lentement, très lentement, le dégoût aux multiples anneaux se love et affermit sa position, bien au centre du trône, le trône des dominations.

Évidente duplicité de la solitude. Je vois ces vieux assis autour d'une table, il y en a au moins dix. Je pourrais m'amuser à les compter, mais je suis sûr qu'il y en a au moins dix. Et pfuui ! Si je pouvais m'envoler au ciel, m'envoler au ciel tout de suite !

Ils émettent parlant tous ensemble une cacophonie où l'on ne reconnaît que quelques syllabes mastiquées, comme arrachées à coups de dents. Mon Dieu ! Qu'il est donc difficile de se réconcilier avec le monde !…

J'ai compté. Il y en a douze. Comme les apôtres. Et le garçon de café serait-il censé représenter le Christ ?

Et si je m'achetais un tee-shirt « *Jesus* » ?

Je suis difficile à situer
Dans ce café (certains soirs, bal) ;
Ils discutent d'affaires locales,
D'argent à perdre, de gens à tuer.

Je vais prendre un café et la note ;
On n'est pas vraiment à Woodstock.
Les clients du bar sont partis,
Ils ont fini leurs Martinis,
Hi hi !

NICE

La promenade des Anglais est envahie de Noirs américains
Qui n'ont même pas la carrure de basketteurs ;
Ils croisent des Japonais partisans de la « voie du sabre »
Et des joggeurs semi-californiens

Tout cela vers quatre heures de l'après-midi,
Dans la lumière qui décline.

L'ART MODERNE

Impression de paix dans la cour,
Vidéos trafiquées de la guerre du Liban
Et cinq mâles occidentaux
Discutaient de sciences humaines.

LE JARDIN AUX FOUGÈRES

Nous avions traversé le jardin aux fougères,
L'existence soudain nous apparut légère
Sur la route déserte nous marchions au hasard
Et, la grille franchie, le soleil devint rare.

De silencieux serpents glissaient dans l'herbe épaisse,
Ton regard trahissait une douce détresse
Nous étions au milieu d'un chaos végétal,
Les fleurs autour de nous exhibaient leurs pétales.

Animaux sans patience, nous errons dans l'Eden,
Hantés par la souffrance et conscients de nos peines,
L'idée de la fusion persiste dans nos corps :
Nous sommes, nous existons, nous voulons être encore,

Nous n'avons rien à perdre. L'abjecte vie des plantes
Nous ramène à la mort, sournoise, envahissante.
Au milieu d'un jardin nos corps se décomposent,
Nos corps décomposés se couvriront de roses.

LA FILLE

La fille aux cheveux noirs et aux lèvres très minces
Que nous connaissons tous sans l'avoir rencontrée
Ailleurs que dans nos rêves. D'un doigt sec elle pince
Les boyaux palpitants de nos ventres crevés.

VÉRONIQUE

La maison était rose avec des volets bleus,
Je voyais dans la nuit les traits de ton visage
L'aurore s'approchait, j'étais un peu nerveux,
La lune se perdait dans un lac de nuages

Et tes mains dessinaient un espace invisible
Où je pouvais bouger et déployer mon corps
Et je marchais vers toi, proche et inaccessible,
Comme un agonisant qui rampe vers la mort.

Soudain tout a changé dans une explosion blanche,
Le soleil s'est levé sur un nouveau royaume ;
Il faisait presque chaud et nous étions dimanche,
Dans l'air ambiant montaient les harmonies d'un psaume.

Je lisais une étrange affection dans tes yeux
Et j'étais très heureux dans ma petite niche ;
C'était un rêve tendre et vraiment lumineux,
Tu étais ma maîtresse et j'étais ton caniche.

Un champ d'intensité constante
Balaie les particules humaines
La nuit s'installe, indifférente ;
La tristesse envahit la plaine.

Où retrouver le jeu naïf ?
Où et comment ? Que faut-il vivre ?
Et à quoi bon écrire des livres
Dans le désert inattentif ?

Les serpents rampent sous le sable
(Toujours en direction du Nord)
Rien dans la vie n'est réparable,
Rien ne subsiste après la mort.

Chaque hiver a son exigence
Et chaque nuit, sa rédemption
Et chaque âge du monde, chaque âge a sa souffrance,
S'inscrit dans la génération.

Ainsi, générations souffrantes,
Tassées comme des puces d'eau
Essaient de compter pour zéro
Les capteurs de la vie absente

Et toutes échouent, sans trop de drame,
La nuit va bien recouvrir tout
Et l'épuisement monogame
D'un corps enfoncé dans la boue.

UN ÉTÉ À DEUIL-LA-BARRE

Reptation des branchages entre les fleurs solides,
Glissement des nuages et la saveur du vide :
Le bruit du temps remplit nos corps et c'est dimanche,
Nous sommes en plein accord, je mets ma veste blanche

Avant de m'effondrer sur un banc de jardin
Où je m'endors, je me retrouve deux heures plus loin.

Une cloche tinte dans l'air serein
Le ciel est chaud, on sert du vin,
Le bruit du temps remplit la vie ;
C'est une fin d'après-midi.

MAISON GRISE

Le train s'acheminait dans le monde extérieur,
Je me sentais très seul sur la banquette orange
Il y avait des grillages, des maisons et des fleurs
Et doucement le train écartait l'air étrange.

Au milieu des maisons il y avait des herbages
Et tout semblait normal à l'exception de moi
Cela fait très longtemps que j'ai perdu la joie
Je vis dans le silence, il glisse en larges plages.

Le ciel est encore clair, déjà la terre est sombre,
Une fissure en moi s'éveille et s'agrandit
Et ce soir qui descend en Basse-Normandie
A une odeur de fin, de bilan et de nombre.

CRÉPUSCULE

Des masses d'air soufflaient entre les bosquets d'yeuses,
Une femme haletait comme en enfantement
Et le sable giflait sa peau nue et crayeuse,
Ses deux jambes s'ouvraient sur mon destin d'amant.

La mer se retira au-delà des miracles
Sur un sol noir et mou où s'ouvraient des possibles
J'attendais le matin, le retour des oracles,
Mes lèvres s'écartaient pour un cri invisible

Et tu étais le seul horizon de ma nuit ;
Connaissant le matin, seuls dans nos chairs voisines,
Nous avons traversé, sans souffrance et sans bruit,
Les peaux superposées de la présence divine

Avant de pénétrer dans une plaine droite
Jonchée de corps sans vie, nus et rigidifiés ;
Nous marchions côte à côte sur une route étroite,
Nous avions des moments d'amour injustifié.

SOIR SANS BRUME

Quand j'erre sans notion au milieu des immeubles
Je vois se profiler de futurs sacrifices,
J'aimerais adhérer à quelques artifices,
Retrouver l'espérance en achetant des meubles

Ou bien croire à l'Islam, sentir un Dieu très doux
Qui guiderait mes pas, m'emmènerait en vacances,
Je ne peux oublier ce parfum de partance
Entre nos mots tranchés, nos vies qui se dénouent.

Le processus du soir alimente les heures,
Il n'y a plus personne pour recueillir nos plaintes ;
Entre les cigarettes successivement éteintes,
Le processus d'oubli délimite le bonheur.

Quelqu'un a dessiné le tissu des rideaux
Et quelqu'un a pensé la couverture grise
Dans les plis de laquelle mon corps s'immobilise ;
Je ne connaîtrai pas la douceur du tombeau.

Quand la pluie tombait en rafales
Sur notre petite maison
Nous étions à l'abri du mal,
Blottis auprès de la raison.

La raison est un gros chien tendre
Et c'est l'opposé de la perte
Il n'y a plus rien à comprendre,
L'obéissance nous est offerte.

Donnez-moi la paix, le bonheur
Libérez mon cœur de la haine
Je ne peux plus vivre dans la peur,
Donnez-moi la mesure humaine.

L'aube grandit dans la douceur
Le lait tiédit, petites flammes
Vibrantes et bleues, petites sœurs
Lait gonflé comme un sein de femme

Et le bruit du percolateur
Dans le silence de la ville ;
Vers le Sud, l'écho d'un moteur ;
Il est cinq heures, tout est tranquille.

Il existe un pays, plutôt une frontière,
Où la lumière est douce et pratiquement solide
Les êtres humains échangent des fragments de lumière,
Mais ils n'ont pas la moindre appréhension du vide.

La parabole du désir
Remplissait nos mains de silence
Et chacun se sentait mourir,
Nos corps vibraient de ton absence.

Nous avons traversé des frontières de craie
Et le second matin le soleil devint proche
Il y avait dans le ciel quelque chose qui bougeait,
Un battement très doux faisait vibrer les roches.

Les gouttelettes de lumière
Se posaient sur nos corps meurtris
Comme la caresse infinie
D'une divinité – matière.

LES OPÉRATEURS CONTRACTANTS

Vers la fin d'une nuit, au moment idéal
Où s'élargit sans bruit le bleu du ciel central
Je traverserai seul, comme à l'insu de tous,
La familiarité inépuisable et douce
Des aurores boréales

Puis mes pas glisseront dans un chemin secret,
À première vue banal
Qui depuis des années serpente en fins dédales,
Que je reconnaîtrai.

Ce sera un matin apaisé et discret ;
Je marcherai longtemps, sans joie et sans regret,
La lumière très douce des aubes hivernales
Enveloppant mes pas d'un sourire amical ;
Ce sera un matin lumineux et secret.

L'entourage se refuse au moindre commentaire ;
Monsieur est parti en voyage.
Dans quelques jours sûrement il y aura la guerre ;
Vers l'Est le conflit se propage.

LA LONGUE ROUTE DE CLIFDEN

À l'Ouest de Clifden, promontoire,
Là où le ciel se change en eau
Là où l'eau se change en mémoire,
Tout au bord d'un monde nouveau

Le long des collines de Clifden,
Des vertes collines de Clifden,
Je viendrai déposer ma peine.

Pour accepter la mort il faut
Que la mort se change en lumière
Que la lumière se change en eau
Et que l'eau se change en mémoire.

L'Ouest de l'humanité entière
Se trouve sur la route de Clifden,
Sur la longue route de Clifden
Où l'homme vient déposer sa peine
Entre les vagues et la lumière.

Le maître enamouré en un défi fictif
N'affirme ni ne nie en son centre invisible
Il signifie, rendant tous les futurs possibles
Il établit, permet un destin positif.

Ressens dans tes organes la vie de la lumière !
Respire avec prudence, avec délectation
La voie médiane est là, complément de l'action,
C'est le fantôme inscrit au cœur de la matière

Et c'est l'intersection des multiples émotifs
Dans un noyau de vide indicible et bleuté
C'est l'hommage rendu à l'absolue clarté
La racine de l'amour, le cœur aperceptif.

PASSAGE

I

Des nuages de pluie tournoient dans l'air mobile,
Le monde est vert et gris ; c'est le règne du vent.
Et tout sens se dissout hormis le sens tactile…
Le reflet des tilleuls frissonne sur l'étang.

Pour rejoindre à pas lents une mort maritime,
Nous avons traversé des déserts chauds et blancs
Et nous avons frôlé de dangereux abîmes…
De félines figures souriaient en dedans

Et les volontés nues refusaient de mourir ;
Venus de Birmanie, deux de nos compagnons,
Les traits décomposés par un affreux sourire,
Glissaient dans l'interorbe du signe du Scorpion.

Par les chemins austères des monts du Capricorne,
Leurs deux corps statufiés dansaient dans nos cervelles ;
Les sombres entrelacs du pays de Fangorn
Engloutirent soudain l'image obsessionnelle.

Et quelques-uns parvinrent à l'ultime archipel…

II

C'est un plan incliné environné de brume ;
Les rayons du soleil y sont toujours obliques
Tout paraît recouvert d'asphalte et de bitume,
Mais rien n'obéit plus aux lois mathématiques.

C'est la pointe avancée de l'être individuel ;
Quelques-uns ont franchi la Porte des Nuages.
Déjà transfigurés par un chemin cruel,
Ils souriaient, très calmes, au moment du passage.

Et les courants astraux irradient l'humble argile
Issue, sombre alchimie, du bloc dur du vouloir
Qui se mêle et s'unit comme un courant docile
Au mystère diffus du Grand Océan Noir.

Un brouillard fin et doux cristallise en silence
Au fond de l'univers
Et mille devenirs se dénouent et s'avancent,
Les vagues de la mer.

Montre-toi, mon ami, mon double
Mon existence est dans tes mains
Je ne suis pas vraiment humain,
Je voudrais une existence trouble

Une existence comme un étang, comme une mer,
Une existence avec des algues
Et des coraux, et des espoirs, et des mondes amers
Roulés par la pureté des vagues.

L'eau glissera sur mon cadavre
Comme une comète oubliée
Et je retrouverai un havre,
Un endroit sombre et protégé.

Avalanche de fausses raisons
Dans l'univers privé de sens,
Les soirées pleines de privation,
Les murailles de la décadence.

Comme un poisson de mer vidé,
J'ai donné mes organes aux bêtes
Mes intestins écartelés
Sont très loin, déjà, de ma tête.

La chair fourmille d'espérance
Comme un bifteck décomposé,
Il y aura des moments d'errance
Où plus rien ne sera imposé.

Je suis libre comme un camion
Qui traverse sans conducteur
Les territoires de la terreur,
Je suis libre comme la passion.

Les couleurs de la déraison
Comme un fétiche inachevé
Définissent de nouvelles saisons,
L'inexistence remplit l'été.

Le soleil du Bouddha tranquille
Glissait au milieu des nuages
Nous venions de quitter la ville,
Le temps n'était plus à l'orage.

La route glissait dans l'aurore
Et les essuie-glaces vibraient,
J'aurais aimé revoir ton corps
Avant de partir à jamais.

Les champs de betteraves surmontés de pylônes
Luisaient. Nous nous sentions étrangers à nous-mêmes,
Sereins. La pluie tombait sans bruit, comme une aumône ;
Nos souffles retenus formaient d'obscurs emblèmes
Dans le ciel du matin.

Un devenir douteux battait dans nos poitrines,
Comme une annonciation.
La civilisation n'était plus qu'une ruine ;
Cela, nous le savions.

Nous avions pris la voie rapide ;
Sur le talus, de grands lézards
Glissaient leur absence de regard
Sur nos cadavres translucides.

Le réseau des nerfs sensitifs
Survit à la mort corporelle
Je crois à la Bonne Nouvelle,
Au destin approximatif.

La conscience exacte de soi
Disparaît dans la solitude.
Elle vient vers nous, l'infinitude ;
Nous serons dieux, nous serons rois.

Nous attendions, sereins, seuls sur la piste blanche ;
Un Malien emballait ses modestes affaires
Il cherchait un destin très loin de son désert
Et moi je n'avais plus de désir de revanche.

L'indifférence des nuages
Nous ramène à nos solitudes
Et soudain nous n'avons plus d'âge,
Nous prenons de l'altitude.

Lorsque disparaîtront les illusions tactiles
Nous serons seuls, ami, et réduits à nous-mêmes ;
Lors de la transition de nos corps vers l'extrême,
Nous vivrons des moments d'épouvante immobile.

La platitude de la mer
Dissipe le désir de vivre ;
Loin du soleil, loin des mystères,
Je m'efforcerai de te suivre.

Dans l'abrutissement qui me tient lieu de grâce
Je vois se dérouler des pelouses immobiles,
Des bâtiments bleutés et des plaisirs stériles
Je suis le chien blessé, le technicien de surface

Et je suis la bouée qui soutient l'enfant mort,
Les chaussures délacées craquelées de soleil
Je suis l'étoile obscure, le moment du réveil
Je suis l'instant présent, je suis le vent du Nord.

Tout a lieu, tout est là, et tout est phénomène,
Aucun événement ne semble justifié ;
Il faudrait parvenir à un cœur clarifié ;
Un rideau blanc retombe et recouvre la scène.

NOTICE BIO-BIBLIOGRAPHIQUE

Michel Thomas naît en 1956 à la Réunion. Délaissé par ses parents, l'enfant est finalement confié, en France, à sa grand-mère paternelle, Henriette Thomas – l'écrivain choisira pour pseudonyme le nom de jeune fille de celle-ci, Houellebecq. Après avoir fréquenté le lycée de Meaux et suivi des classes préparatoires, il intègre en 1975 l'Institut national agronomique, commence une scolarité à l'école Louis Lumière, puis débute une carrière d'ingénieur en informatique. En 1985, il rencontre Michel Bulteau, directeur de la *Nouvelle Revue de Paris*, qui, le premier, va publier ses poèmes. En 1991 paraît, aux éditions de la Différence, le recueil *La Poursuite du bonheur*, qui reçoit le prix Tristan Tzara. La même année, Michel Houellebecq publie *Rester vivant : méthode* et un essai sur Lovecraft, *H. P. Lovecraft. Contre le monde, contre la vie*. En 1994, Maurice Nadeau édite son premier roman, *Extension du domaine de la lutte*, qui le fait connaître à un plus large public. Michel Houellebecq collabore à cette époque à de nombreuses revues (*L'Atelier du roman*, *Les Inrockuptibles*…). Son deuxième recueil de poèmes, *Le Sens du combat*, qui paraît en 1996, obtient le prix de Flore ; il est publié chez Flammarion, qui devient l'éditeur attitré de l'auteur. La publication en 1998 des *Particules élémentaires*, qui reçoit le prix Novembre, connaît un large retentissement : le roman sera traduit en plus de vingt-cinq langues, et il fait de Michel Houellebecq l'un des romanciers français les plus célèbres à l'étranger. En 1999 paraît *Renaissance*, un nouveau recueil de poèmes, en même temps que Michel Houellebecq coadapte avec Philippe Harel *Extension du domaine de la lutte* pour le cinéma. Le disque *Présence humaine*, dans lequel Michel Houellebecq dit ses poèmes sur une musique de Bertrand Burgalat, sort en 2000, année où paraît aussi *Lanzarote*, un recueil-coffret de textes et de photographies. Michel Houellebecq part alors vivre en Irlande, où il écrit *Plateforme*, publié en 2001 ; puis il s'installe en Espagne. Il y écrit son quatrième roman, *La Possibilité d'une île*, qui paraît en 2005 et obtient le prix Interallié – il adaptera ce roman pour le cinéma en 2008. En 2010, *La Carte et le Territoire* se voit attribuer le prix Goncourt. Peu après, Michel Houellebecq s'installe à nouveau en France. En 2013, il revient à la poésie avec *Configuration du dernier rivage*.

POÉSIES

La Poursuite du bonheur, Paris, La Différence, 1991.

Le Sens du combat, Paris, Flammarion, 1996.

Renaissance, Paris, Flammarion, 1999.

Poésies, Paris, J'ai Lu, 2000 – réunit *La Poursuite du bonheur, Le Sens du combat* et *Renaissance*.

Configuration du dernier rivage, Paris, Flammarion, 2013.

ROMANS

Extension du domaine de la lutte, Paris, Éditions Maurice Nadeau, 1994.

Les Particules élémentaires, Paris, Flammarion, 1998.

Plateforme, Paris, Flammarion, 2001.

La Possibilité d'une île, Paris, Fayard, 2005.

La Carte et le Territoire, Paris, Flammarion, 2010.

ESSAIS

H. P. Lovecraft. Contre le monde, contre la vie, Monaco, Éditions du Rocher, « Les Infréquentables », 1991.

Rester vivant : méthode, Paris, La Différence, 1991.

Interventions, Paris, Flammarion, 1998.

Ennemis publics, correspondance avec Bernard-Henri Lévy, Paris, Flammarion/Grasset, 2008.

Interventions 2, Paris, Flammarion, 2009.

AUTRES TEXTES

Lanzarote, Paris, Flammarion, 2000.

PRÉFACES

Remy de Gourmont, *L'Odeur des jacynthes*, anthologie de poèmes choisis et présentés par Michel Houellebecq, Paris, La Différence, « Orphée », 1991.

Valerie Solanas, *SCUM Manifesto*, traduit de l'américain

par Emanuèle de Lesseps, postface de Michel Houellebecq, Paris, Mille et une nuits, « Les petits libres », 1998.

Tomi Ungerer, *Érotoscope*, préface de Michel Houellebecq, Paris, Taschen, 2001.

Auguste Comte aujourd'hui. Colloque de Cerisy, 3-10 juillet 2001, précédé de « Préliminaires au positivisme » par Michel Houellebecq, Paris, Kimé, 2003.

Auguste Comte, *Théorie générale de la religion ou Théorie positive de l'unité humaine*, préface de Michel Houellebecq, Paris, Mille et une nuits, 2005.

Jeff Koons Versailles : *exposition*, Versailles, Château de Versailles, 10 septembre 2008 - 4 janvier 2009, Paris, X. Barral, 2008.

Frédéric Beigbeder, *Un roman français*, préface de Michel Houellebecq, Paris, Librairie générale française, 2010.

Rachid Amirou, *L'Imaginaire touristique*, préface de Michel Houellebecq, Paris, CNRS Éditions, 2012.

FILMS

Réalisateur

Cristal de souffrance, court-métrage, 1978.

Déséquilibres, court-métrage, 1982.

La Rivière, court-métrage, 2001.

La Possibilité d'une île, adapté et réalisé par Michel Houellebecq, Paris, Bac vidéo, 2009.

Scénariste

Extension du domaine de la lutte, adaptation par Philippe Harel, scénario Michel Houellebecq, Issy-les-Moulineaux, Studio Canal, Universal pictures vidéo France, 1999.

Monde extérieur, de David Rault, scénario Michel Houellebecq, 2004.

DISQUES

Le Sens du combat. Michel Houellebecq, auteur et voix ; Jean-Jacques Birgé, musique ; Martine Viard, chant ; Paris, Radio-France, Arles, Harmonia Mundi, « Les poétiques de France Culture », 1996.

Présence humaine. Michel Houellebecq, auteur et voix ; Bertrand Burgalat, musique ; Paris, Tricatel, 2000.

Établissement d'un ciel d'alternance. Michel Houellebecq, auteur et voix parlée ; Jean-Jacques Birgé, claviers, processeur vocal ; Paris, EPM, 2007.

D'abord j'ai trébuché dans un congélateur

Vivre sans point d'appui, entouré par le vide

Un triangle d'acier sectionne le paysage

Je suis dans un tunnel fait de roches compactes

La grâce immobile

Ce volume,
le quatre cent quatre vingt treizième
de la collection Poésie,
composé par Rosa Beaumont
a été achevé d'imprimer sur les presses
de CPI Bussière à Saint-Amand (Cher),
le 7 mars 2014.
Dépôt légal : mars 2014.
Numéro d'imprimeur : 2008632.

ISBN 978-2-07-045689-5./Imprimé en France.